WILD LIVING HOMES

© 2025 Instituto Monsa de ediciones.

First edition in April 2025 by Monsa Publications,
Carrer Gravina 43 (08930) Sant Adrià de Besós.
Barcelona (Spain)
T +34 93 381 00 93
www.monsa.com
monsa@monsa.com

Editor and Project director Anna Minguet
Art Director: Layout and Cover Design
Eva Minguet (Monsa Publications)
Printed in Spain
Shop online:
www.monsashop.com

Follow us!
Instagram: @monsapublications

ISBN: 978-84-17557-84-3
B 2875-2025

WILD LIVING HOMES

monsa

INTRO // Introducción

In an increasingly connected and saturated world, a fundamental need emerges: to disconnect. But disconnecting is not merely a technological act; it is a return to the essential, to nature, to places where silence and landscape take center stage.

This book is a celebration of architecture in its purest form: shelters created to blend in, not dominate. Here, you will find cabins nestled in forests, homes perched on rocks, and structures defying the wind on steep cliffs. Each project responds to a unique challenge: adapting to the wild, respecting it, and coexisting with it.

The concept of living off-grid—detached from conventional energy and water networks—comes to life here as more than a trend. It is a philosophy of life that combines sustainability, minimalism, and boldness. Solar panels, rainwater harvesting systems, and local materials are integral to these constructions, designed not just to be inhabited, but to inspire.

This journey is not only architectural; it is a voyage to the very essence of what it means to live. Through these pages, we will explore how these homes become extensions of the landscape, how technology can serve as an ally to nature, and how design can reconcile us with the primitive and the sublime.

En un mundo cada vez más conectado y saturado, surge una necesidad primordial: desconectar. Pero desconectar no solo como un acto tecnológico, sino como un regreso a lo esencial, a la naturaleza, a lugares donde el silencio y el paisaje sean los protagonistas.

Este libro es una celebración de la arquitectura en su forma más pura: refugios creados para integrarse, no dominar. Aquí encontrarás cabañas en bosques, casas construidas sobre rocas, y estructuras que desafían el viento en acantilados abruptos. Cada proyecto responde a un desafío único: adaptarse a lo salvaje, respetarlo y coexistir.

El concepto de off-grid —vivir desconectado de las redes convencionales de energía y agua— se materializa aquí como algo más que una tendencia. Es una filosofía de vida que combina sostenibilidad, minimalismo y audacia. Placas solares, sistemas de captación de agua de lluvia y materiales locales son parte integral de estas construcciones, diseñadas no solo para habitar, sino para inspirar.

Este recorrido no es solo arquitectónico; es un viaje a la esencia misma de lo que significa vivir. A través de estas páginas, exploraremos cómo estas viviendas se convierten en extensiones del paisaje, cómo la tecnología puede ser aliada de la naturaleza, y cómo el diseño puede reconciliarnos con lo primitivo y lo sublime.

INDEX // Índice

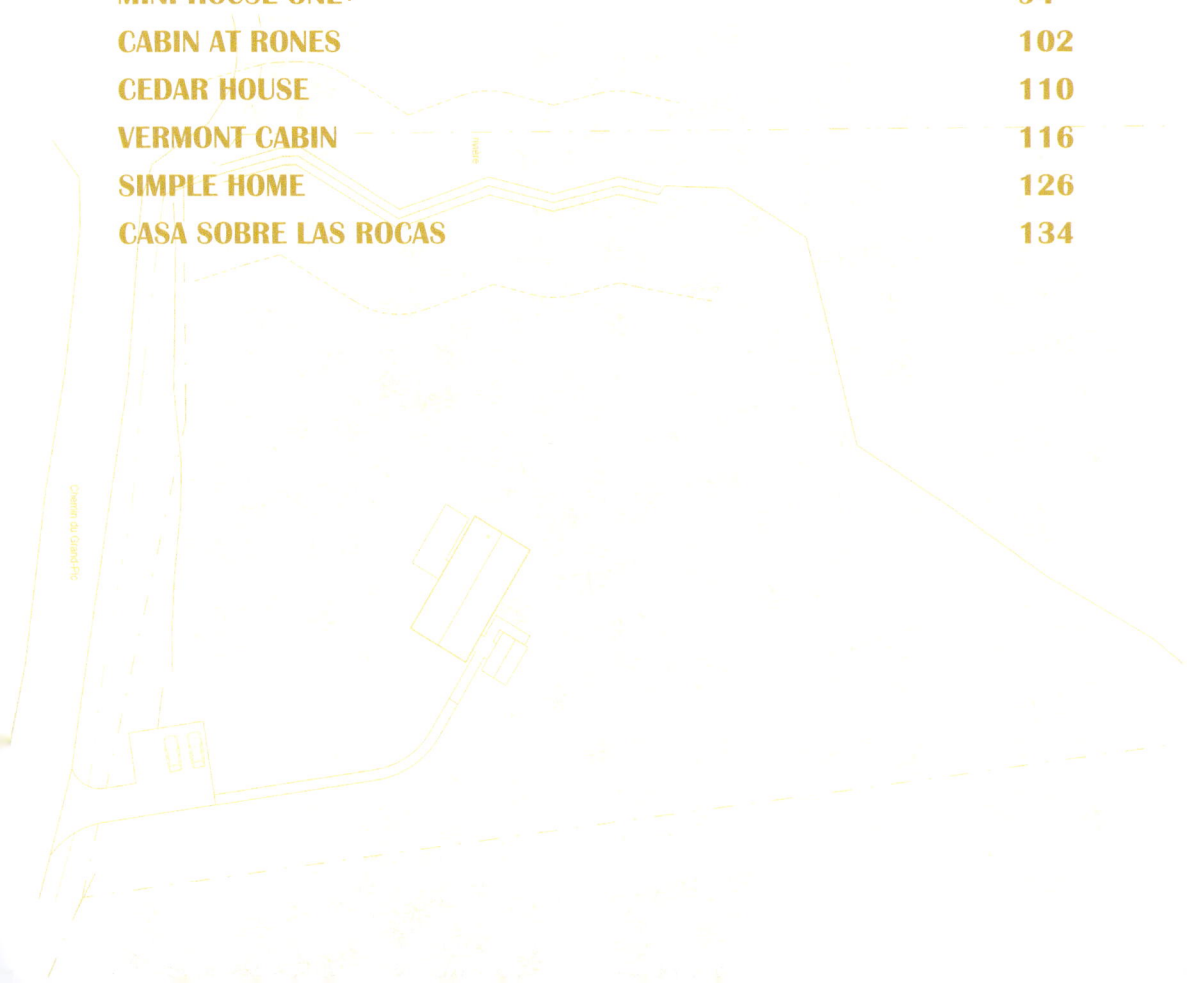

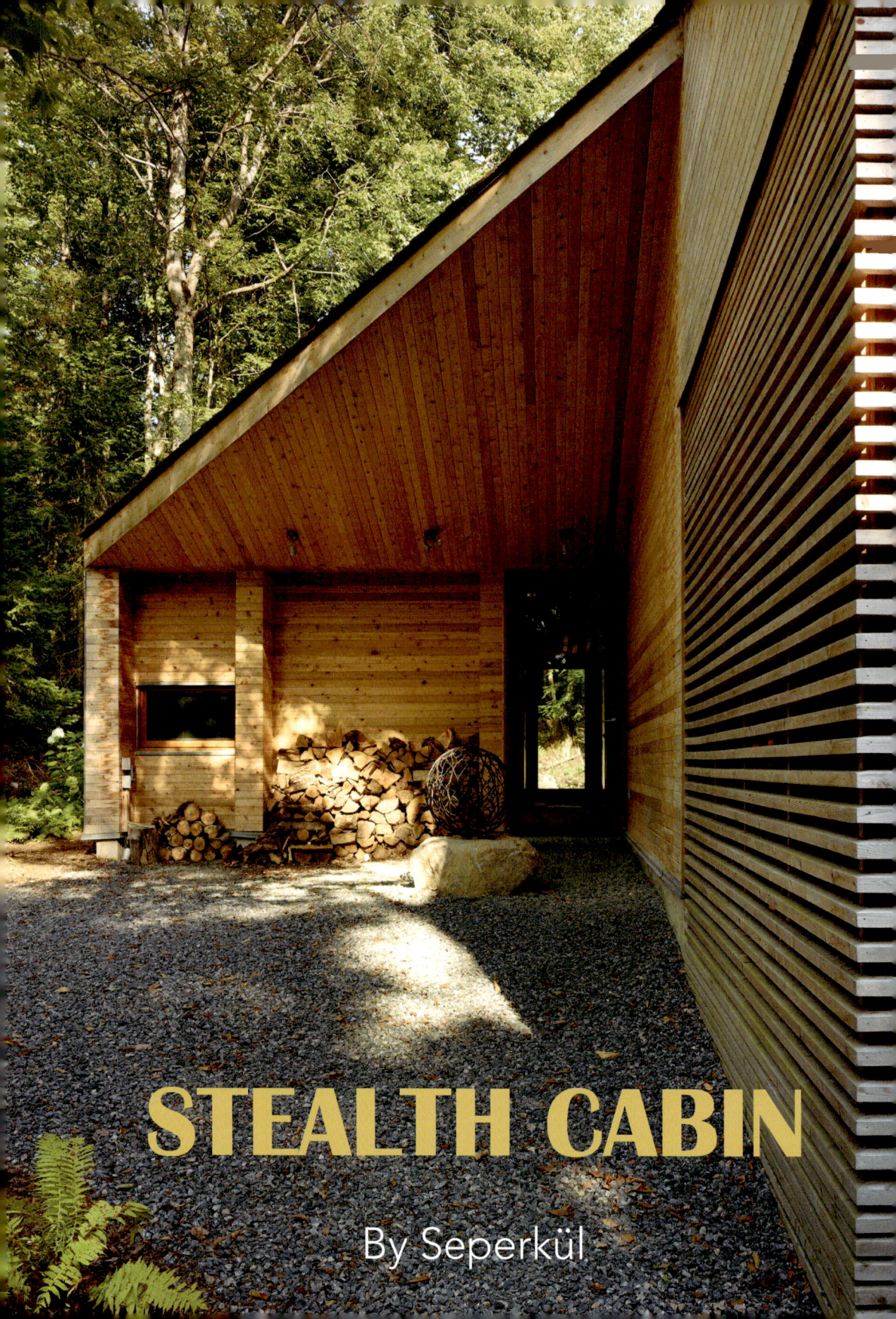

STEALTH CABIN

By Seperkül

Bracebridge, Ontario, Canada // Architecture: Superkül // Photography: Shai Gil

This small family cottage was designed with a sustainability agenda at the forefront. Sited on a lake, it was important that the building integrates with its natural surroundings while minimizing environmental impact. The cottage is a sculptural form entirely clad in cedar, responding to the clients' desire for both a traditional log cabin and a modern weekend home. Dynamism of this material continuity is retained through the imaginative deployment of cedar in a variety of applications. Taking cues from its surroundings, the building takes its shape from an overturned boat found on the property, with the faceting of the cabin's walls echoing the rise and fall of the site's topography.

Cedar cladding traces the form of the building from outside in, up the walls and into the origami-like angular folds of the roof, which rise and fall to create dramatic, light-filled spaces.

Cedar shakes on the south facade provide textural and tonal contrast while thin horizontal cedar slats form a screen that wraps the porch, creating patterns of light and shadow and modulating the view.

The cabin was sited to preserve a maximum number of trees, while its scale makes minimal physical and visual impact on the land. To reduce energy consumption, the cabin premeditates passive cooling and ventilation.

El diseño de esta pequeña cabaña familiar responde a un interés creciente en la búsqueda de una sensibilidad medioambiental. Su enclave, cercano a un lago, fijó la base para que el edificio se integrara con absoluta complicidad en su entorno natural y produjese el menor impacto posible. La estructura de esta singular cabaña adquiere forma escultural gracias a su completa cobertura en madera de cedro, un efecto arquitectónico que satisface el deseo de sus clientes, una cabaña tradicional y simultáneamente, una moderna casa de fin de semana. El dinamismo que imprime el uso sucesivo de la madera de cedro se mantiene a través de un recorrido ingenioso en sus múltiples aplicaciones. Inspirándose en su entorno, el edificio se proyecta de manera literal como un barco invertido y las facetas de las paredes de la cabaña se hacen eco de la subida y bajada de la topografía del lugar.

El revestimiento de cedro traza la forma del edificio desde el exterior hacia el interior, subiendo por las paredes y llegando a los pliegues angulares del tejado, similares a los del origami, que suben y bajan para crear espacios espectaculares y llenos de luz.

Los listones de cedro de la fachada sur aportan un contraste de texturas y tonos, mientras que las finas lamas horizontales forman una pantalla que envuelve el porche, articulando un flujo de luces y sombras y modulando las vistas.

La cabaña se ubicó estratégicamente para preservar al máximo el número de árboles, y para conseguir un impacto físico y visual mínimo sobre el terreno. Para reducir el consumo de energía, la cabaña promueve una refrigeración y ventilación pasivas.

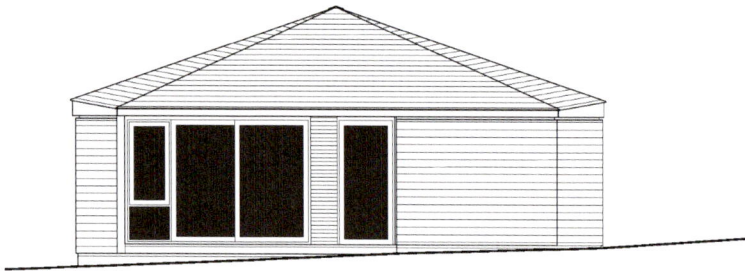

East elevation

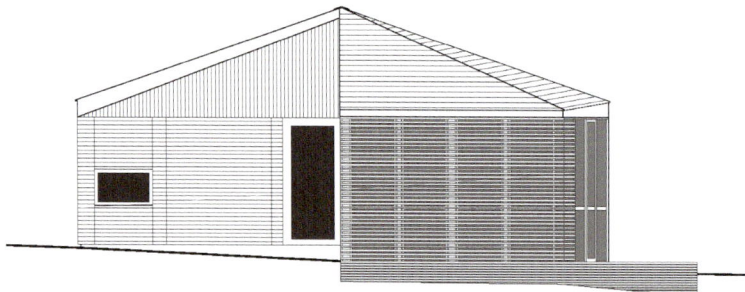

West elevation

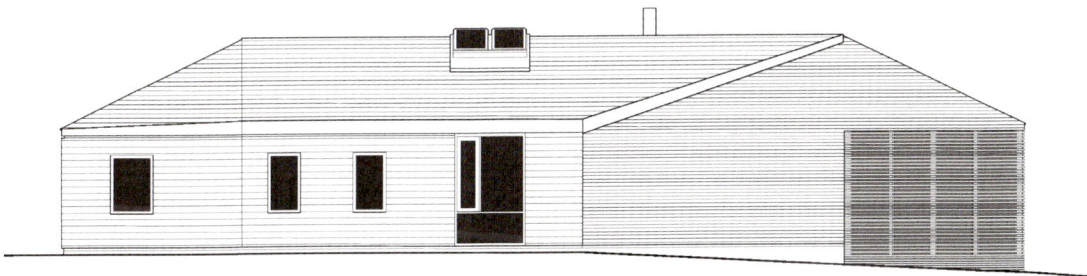

North elevation

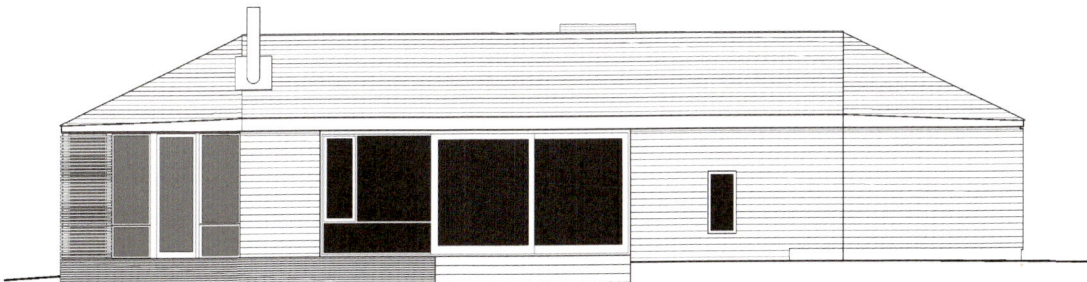

South elevation

Floor plan

A. Entry

B. Log store

C. Mudroom

D. Desk

E. Laundry room

F. Washroom

G. Bedroom

H. Mechanical room

I. Master bedroom

J. Kitchen

K. Dining room

L. Living room

M. Screened-in porch

N. Deck

Large floor-to-ceiling wood-framed windows and doors overlook the lake to the south and provide ample access to a long cedar deck. As the untreated cedar boards and shakes weather and bleach to a faded gray over time, the cottage will appear to coalesce even further into its landscape.

Las grandes ventanas y puertas con marcos de madera de suelo a techo se orientan al sur del lago y dan acceso a una larga terraza de cedro. Con el paso del tiempo y como algo premeditado, las tablas y tablones de cedro se desgastarán hasta adquirir un color gris descolorido; la casa de campo conseguirá así integrarse aún más en el paisaje.

The uniform use of one single material covering all surfaces highlights the spatial qualities of architecture, letting color, texture, and the effects of light enrich the space with visual nuances.

Materials with thermal mass are typically used in floors and walls where solar rays can reach them. The warm surfaces then act as radiators, distributing heat evenly throughout a space.

El uso uniforme de un único material que cubra todas las superficies resalta las cualidades espaciales de la arquitectura, dejando que el color, la textura y los efectos de la luz enriquezcan el espacio con matices visuales.

Los materiales con masa térmica se suelen utilizar en suelos y paredes donde logren alcanzar los rayos solares y de esta manera acumulen energía. Las superficies actúan entonces como radiadores, distribuyendo el calor uniformemente por todo el espacio.

Built-in furniture optimizes the use of space, avoiding the need for freestanding furniture, which interferes with spatial clarity.

Built-ins also allow for a flexible use of space, adapting it to different needs and requirements.

Los muebles empotrados optimizan el uso del espacio, evitando la necesidad de muebles independientes, que interfieren en la claridad espacial.

Los muebles empotrados también permiten un uso flexible del espacio.

THE OAKS

By Maryann Thompson Architects

Martha's Vineyard, Massachusetts, United States // Architecture: Maryann Thompson Architects //
Photography: Chuck Choi

This house, within an ancient oak grove, wraps an existing hilltop knoll, rather than sitting atop it. This siting strategy allows for the primary reading and figure of the project, upon approach, to be that of the ferns, trees and sloped ground of the site. The house remains mysterious and de-objectified, and the landscape takes on the reading as the primary object of the project. The interior of the house develops along and unfolding spatial sequence that constantly orients and reorients the viewer to the site as one moves through the project, knitting the site and the house together.

The main living area of the house is oriented to the low sculptural branches of the large oaks at the top of the hill, angled to the south for sunlight. Overhangs and trellises shield the summer sun, yet are sized to let in winter light. The light shelf, under the clerestory, is glazed with reflective glass and throws a line of light onto the ceiling, dappled with the play of leaves in its reflection, bringing the patterns of the site deep into the project.

The house also responds to the site in its material palate.

Esta casa, dentro de un anciano robledal, envuelve un montículo en la cima de una colina, en lugar de asentarse sobre este. Esta estrategia de localización permite que la lectura primaria y la figura del proyecto, al acercarse, sea la de los helechos, los árboles y el terreno inclinado del lugar. El interior de la casa se desarrolla a lo largo de una secuencia espacial que orienta y reorienta constantemente al espectador hacia el lugar a medida que se avanza en el proyecto, tejiendo el lugar y la casa juntos.

El salón principal de la casa está orientado a las ramas bajas escultóricas de los robles grandes en la cima de la colina, en ángulo hacia el sur para recibir luz solar.

Los voladizos y los enrejados están diseñados para protegerse del sol del verano y para dejar entrar la luz del invierno. El estante ligero, bajo el claristorio, está acristalado con vidrios reflectantes y dirige una línea de luz hacia el techo, salpicada con el juego de las hojas en su reflejo, llevando los patrones del lugar a lo más profundo del proyecto.

La casa también se identifica con el lugar en su paleta de materiales.

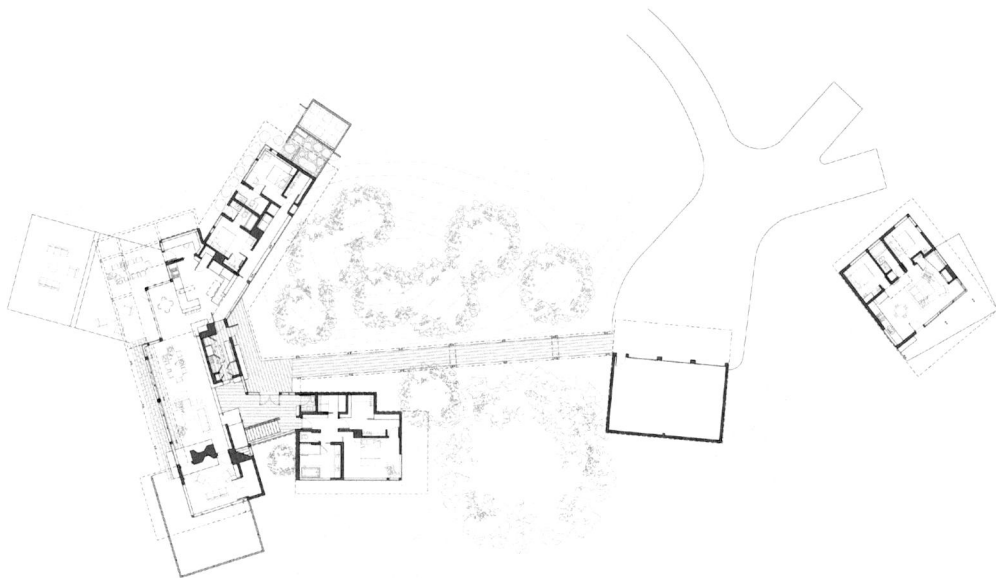

Floor plan

Site plan

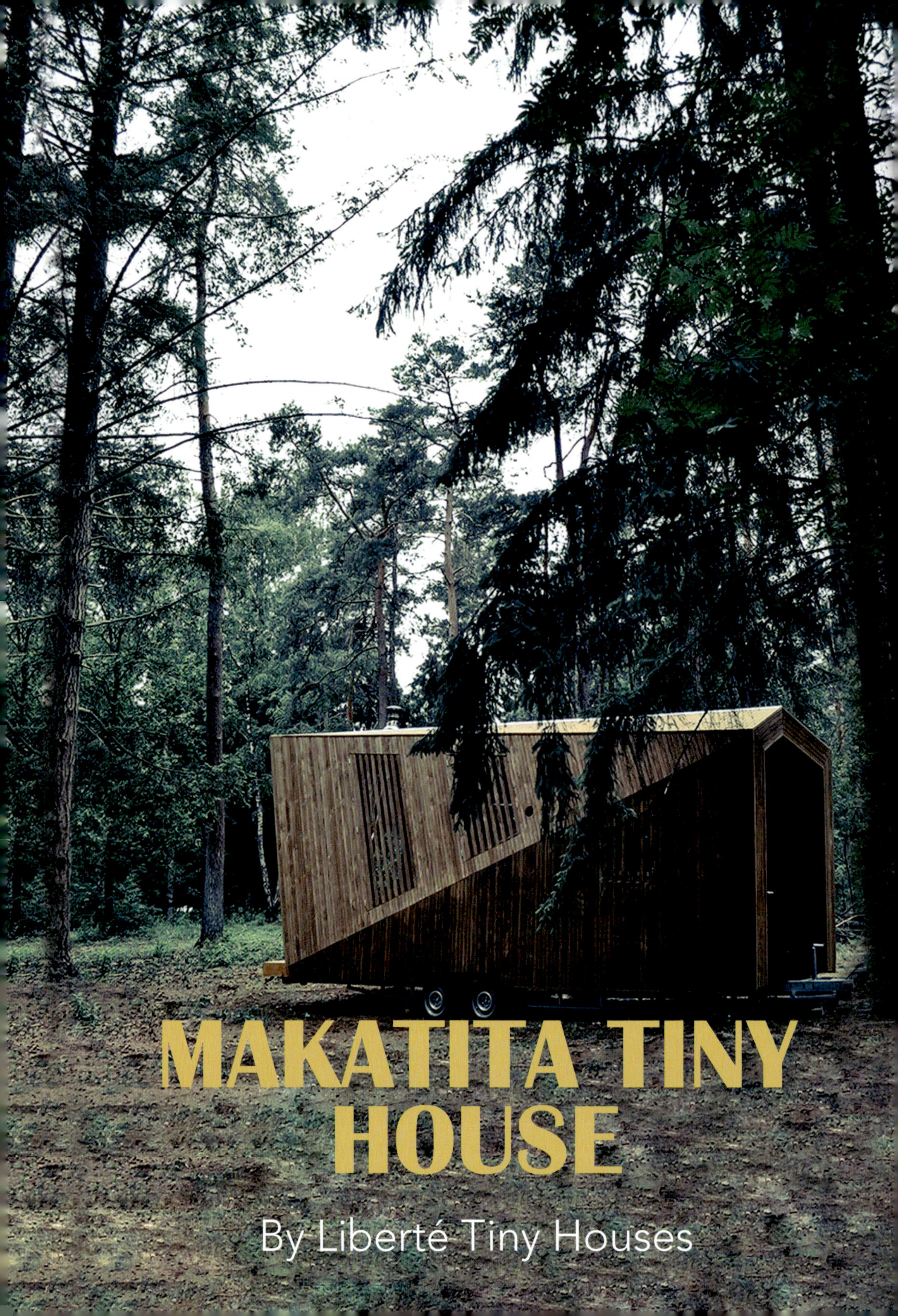

MAKATITA TINY HOUSE

By Liberté Tiny Houses

Location not specified // Architecture: Liberté Tiny Houses // Photography: Liberté Tiny Houses

Makatita Tiny House is the result of a collaboration between a single woman who dreamt about a house in a forest and Liberté Tiny Houses team, who's design philosophy focuses on the creation of living environments guided by sustainable development and environmental responsibility. The creative process embraces the art of slow living in perfect harmony with nature. Inspired by the forms of leaves, the design gives the cabin its distinctive geometric form of folded planes, offering different appearances when viewed from different angles. Built entirely with hand tools in the workshop, the cabin was transported to the site, once finished.

Site impact should be controlled by sustainable development and environmental responsibility while ensuring longtime sustainability.

Makatita Tiny house is a good exemplification of slow living, which is expressed through the minimization of everything deemed unnecessary and wasteful. The goal is to reach a zero carbon footprint and a life in harmony with nature.

Nature-inspired architecture blends with nature rather than compete with it. This design approach was passionately defended by architects such as Louis Sullivan, Frank Lloyd Wright during the first half of the 20th century.

Foor-to-ceiling windows minimize the separation between interior and exterior, optimizing the outdoor experience and the connection with the natural surroundings.

Prefabricated dwellings start as parts that are manufactured in a workshop. Once built, the parts are then transported to the chosen site where they will be assembled.

Prefabrication offers a wide range of benefits: Its modularity allows for a flexible layout that adapts to different needs. Also, its affordable cost appeals to a wider audience, and its eficient use of materials reduces waste, responding to environmental concerns.

Makatita Tiny House es el resultado de una colaboración entre una mujer que soñaba con tener una casa en el bosque y el equipo de Liberté Tiny Houses, cuya filosofía de diseño se centra en la creación de entornos habitables guiados por el desarrollo sostenible y la responsabilidad ambiental. El proceso creativo adopta el arte de la vida lenta, fomentando una perfecta armonía con la naturaleza. Inspirado en las formas orgánicas de las hojas, el diseño dota a la cabaña de su distintiva geometría de planos plegados, ofreciendo perspectivas únicas según el ángulo desde el que se observe.

La cabaña fue construida íntegramente con herramientas manuales en el taller y trasladada al lugar una vez terminada.

El impacto en el sitio se gestiona cuidadosamente mediante prácticas de desarrollo sostenible y un firme compromiso con la responsabilidad ambiental, garantizando su sostenibilidad a largo plazo.

Makatita Tiny House es un ejemplo claro de los principios de la vida lenta, expresados a través de la eliminación de todo lo innecesario y derrochador. Su objetivo final es alcanzar una huella de carbono cero y una vida en armonía con la naturaleza.

La arquitectura inspirada en la naturaleza se fusiona con su entorno en lugar de competir con él. Esta filosofía de diseño fue defendida apasionadamente por arquitectos como Louis Sullivan y Frank Lloyd Wright durante la primera mitad del siglo XX.

Las ventanas de piso a techo minimizan la separación entre los espacios interiores y exteriores, fortaleciendo la conexión con la naturaleza y optimizando la experiencia al aire libre.

Las viviendas prefabricadas comienzan como componentes elaborados en un taller. Una vez fabricados, estos componentes se transportan al sitio elegido, donde se ensamblan.

La prefabricación ofrece numerosas ventajas: su modularidad permite diseños flexibles que se adaptan a diversas necesidades; su coste accesible la hace más atractiva para un público amplio, y su eficiente uso de materiales reduce los desechos, respondiendo a preocupaciones ambientales.

3D views of the cabin

3D views of the cabin

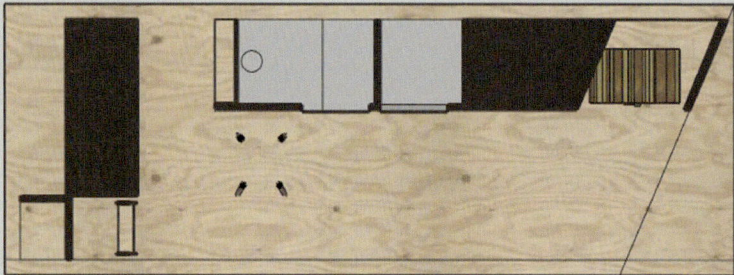

3D views of the cabin

3D views of the cabin

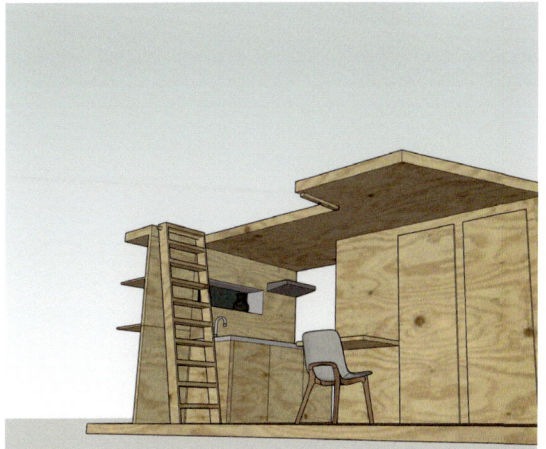

GRAND PIC COTTAGE

By APPAREIL Architecture

Austin, Quebec, Canada // Architecture: APPAREIL Architecture // Photography: Félix Michaud

Inspired by traditional shapes and the surrounding nature, Grand Pic Cottage is a unique architecture tailor-made for its residents. The owners wanted a warm space, fit to host family and friends. From the beginning, the design goals were guided by the site's topography and features.

The result is a comprehensive reading of the magnificent woods in which it is located, offering, a unique experience of symbiosis between nature and architecture.

The clients' desire for a sober and warm retreat was made possible through a design steeped in simplicity, with each move guided by the aspiration to optimize the space's intrinsic qualities.

The outfitting of a parking space allows residents to leave the car and give space to a pathway, from which the cottage emerges through the trees. The pathway transforms into a cedar sidewalk leading to the cottage, composed of the main pavilion and a shed.

Inspirada en las formas tradicionales y en la naturaleza que la rodea, Grand Pic Cottage es una arquitectura única hecha a medida para sus habitantes. Los propietarios querían un espacio cálido, apto para recibir a la familia y a los amigos. Desde el principio, los objetivos de diseño fueron guiados por la topografía y las características del terreno.

El resultado es una lectura exhaustiva de los magníficos bosques en los que se ubica, ofreciendo una experiencia única de simbiosis entre naturaleza y arquitectura.

El deseo de los clientes de un retiro sobrio y cálido fue posible gracias a un diseño lleno de simplicidad, con cada movimiento guiado por la aspiración de optimizar las cualidades intrínsecas del espacio.

El equipamiento de una plaza de aparcamiento permite a los residentes no solo aparcar el coche sino también dar espacio a un sendero desde el que emerge la casa a través de los árboles. El sendero se transforma en una acera de cedro que conduce a la cabaña, compuesta por el pabellón principal y un cobertizo.

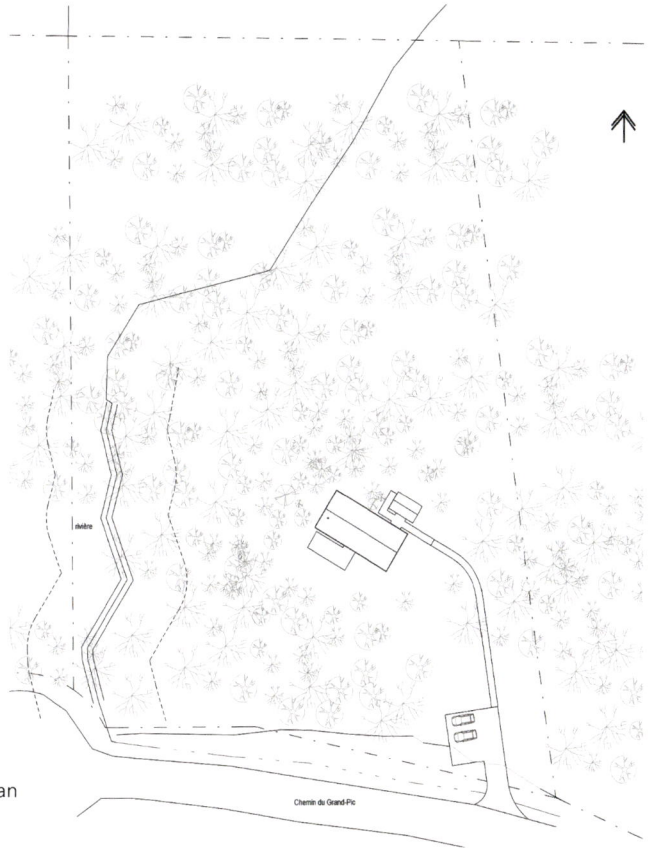

Site plan

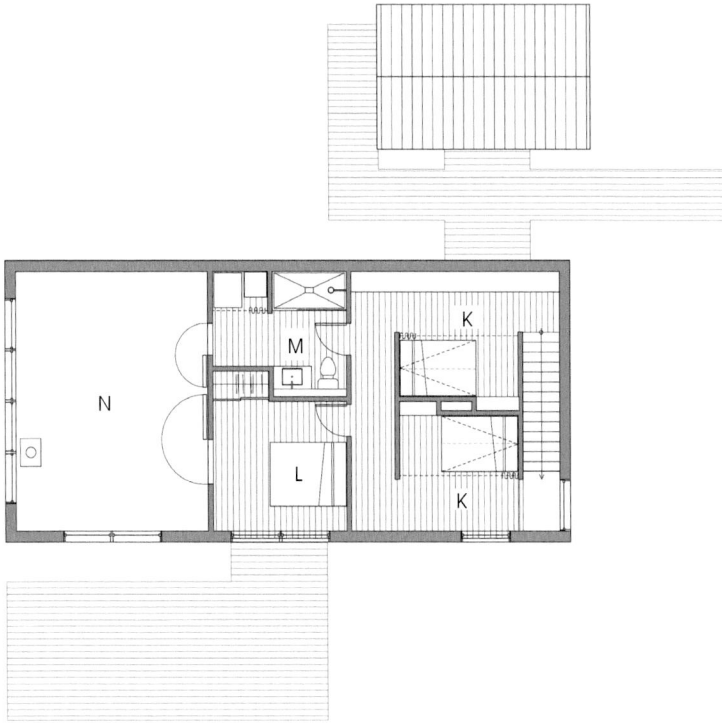

Mezzanine floor plan

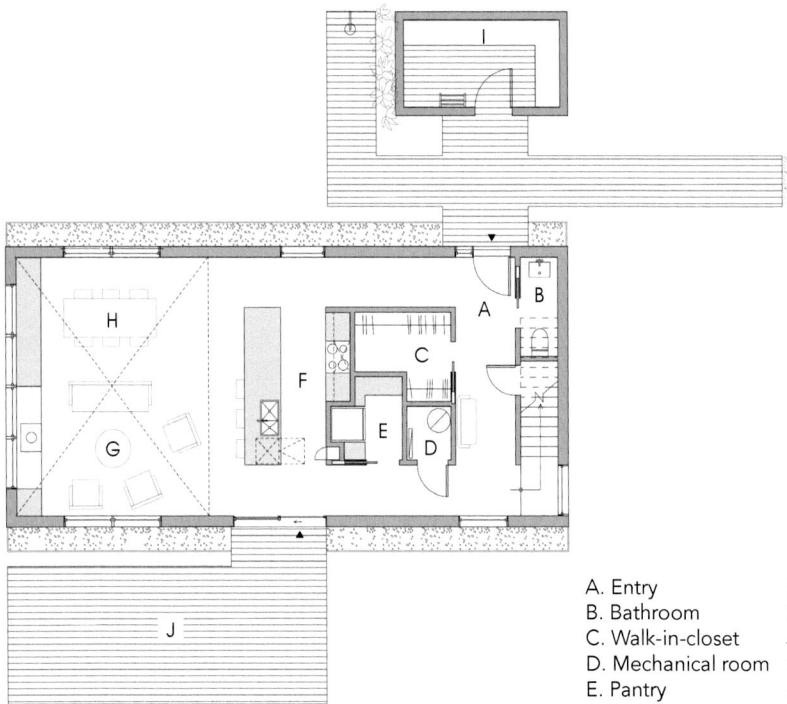

Ground floor plan

A. Entry
B. Bathroom
C. Walk-in-closet
D. Mechanical room
E. Pantry
F. Kitchen
G. Living room

H. Dining room
I. Shed
J. Terrace
K. Bedroom
L. Master bedroom
M. Bathroom
N. Open to below

Windows are one of the most expensive building elements, but they also allow for unique design opportunities, enhancing the spatial qualities of spaces, increasing a building's thermal performance, and adding to comfort.

In contrast to the black monochrome exterior, the interior overflows with light through its openings and the brightness of its materials. On the walls, the Russian plywood was highlighted. The wood's texture on all walls and ceilings allows the shape of the vernacular-inspired main volume to be accentuated.

Las ventanas son uno de los elementos de construcción más caros, pero también permiten oportunidades únicas de diseño, mejorando las cualidades espaciales, aumentando el rendimiento térmico de un edificio y añadiendo confort.

En contraste con el exterior negro monocromo, el interior desborda de luz a través de sus aberturas y el brillo de sus materiales. En las paredes resalta la madera contrachapada. La textura de la madera en todas las paredes y techos permite acentuar la forma del volumen principal, de inspiración vernácula.

The ground floor is organized around a central core partially integrating the kitchen. On the second floor, the core extends into a dormitory zone. Interior openings overlooking the ground floor spaces accentuate the influx of light and create a link between the two levels.

The use of simple, readily available materials can shorten building time, reduce energy, and minimize material waste. All this can result in cost-effective construction.

La planta baja se organiza en torno a un eje central que integra parcialmente la cocina. En el segundo piso, el núcleo se extiende hacia una zona de dormitorios. Las aberturas interiores que dan a los espacios de la planta baja acentúan la afluencia de luz y crean un vínculo entre los dos niveles.

El uso de materiales simples y fácilmente disponibles puede acortar el tiempo de construcción, reducir la energía y minimizar el desperdicio. Todo esto resulta en una construcción rentable.

GLASS CABIN

By AtelierRISTING

Northeast Iowa, United States // Architecture: AtelierRISTING // Photography: Steven y Carol Risting

The Glass Cabin provides an off-grid family retreat with solar and battery power, designed and built by the architect. Reclaimed glass, restored prairie, and land entrusted to the grandkids were the genesis of the design. Nestled in a clearing of the woods near the Wapsipinicon River, the cabin provides great views of the native Midwestern prairie. Its environmentally friendly design began with a north-south orientation and a raised structure to minimize the disturbance of the grasslands and flood plain. The raised structure is essentially an agricultural modified pole barn/wood frame structure. Natural materials were used throughout.

Well-designed sun control devices reduce heat gain and cooling requirements, while at the same time improving the natural lighting quality of interior spaces.

Operable windows and side patio doors provide additional daylighting and natural ventilation.

The extension of the front columns creates a manmade edge to the clearing in the woods next to the Wapsipinicon River. Barn doors slide open to reveal the northern glass front and close to provide security when not occupied. Large reclaimed pieces of clear and frosted insulated glass removed from a commercial office building expansion were used to create the north facade window wall. The reclaimed frosted glass was also used in the back bedrooms and toilet room to diffuse the southern daylighting and provide privacy.

A variety of shading methods can help, from fixed or adjustable shades to trees and vegetation, depending on the building's orientation, climate, and latitude.

La Cabaña de Cristal ofrece un refugio familiar sin ninguna conexión a la red eléctrica, construida simplemente con energía solar y baterías, todo ello diseñado por el mismo arquitecto. El vidrio recuperado, la pradera restaurada y el terreno confiado a los nietos fueron la génesis del diseño. Enclavada en un claro del bosque, cerca del río Wapsipinicon, esta singular cabaña ofrece grandes vistas a la pradera nativa del Medio Oeste. Su diseño, respetuoso con el medio ambiente, se inició con una orientación norte-sur y una estructura elevada para minimizar la perturbación de las praderas y evitar que la llanura llegara a inundarse. La estructura elevada es esencialmente un granero de postes, una estructura de madera modificada para la agricultura. Se utilizaron materiales naturales en todo el edificio.

Los dispositivos de control solar bien diseñados reducen el aumento de temperatura y proporcionan las adecuadas necesidades de refrigeración, al tiempo que mejoran la iluminación natural en el interior.

Las ventanas practicables y las puertas laterales de los patios proporcionan luz y ventilación natural.

La extensión de las columnas delanteras crea un borde artificial en el claro del bosque junto al río Wapsipinicon. Las puertas del granero se abren para descubrir la fachada de cristal del norte y se cierran para proporcionar seguridad cuando no se habita. Para crear el muro de la fachada norte se utilizaron grandes trozos de vidrio aislante transparente y esmerilado obtenidas de una ampliación en un edificio de oficinas. El mismo vidrio esmerilado se utilizó en los dormitorios traseros y en el cuarto de aseo para difuminar la luz diurna del sur y proporcionar privacidad.

Diferentes métodos y efectos de luces y sombras contribuyen notablemente, desde persianas fijas o ajustables hasta árboles y vegetación, dependiendo de la orientación del edificio, el clima y la latitud.

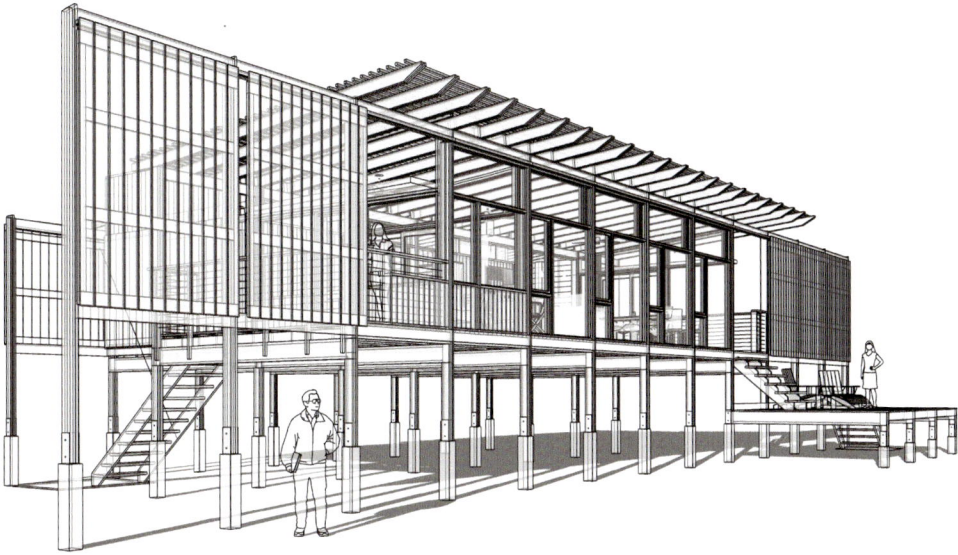

Perspective views

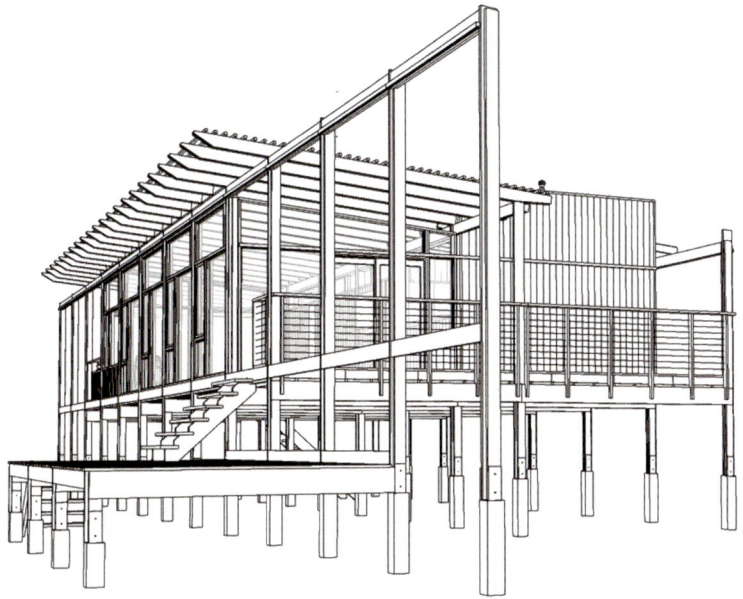

Perspective views

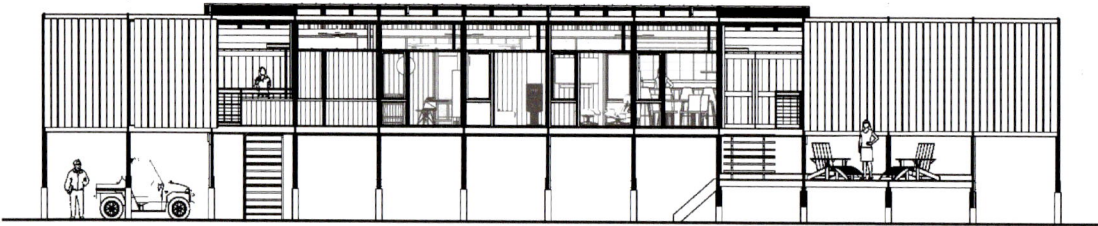

North elevation

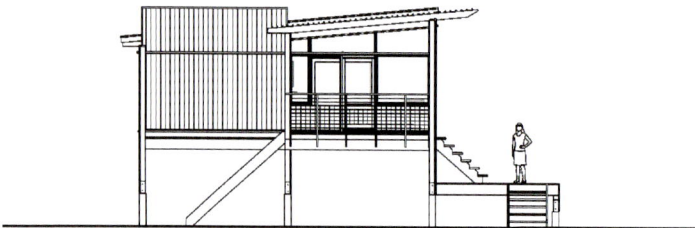

East elevation

Off-Grid — NET ZERO

Natural Ventilation — COOLING DOMINATED

Reclaimed Glass — MOSTLY WELL LIT

Summer

Winter

E S N W

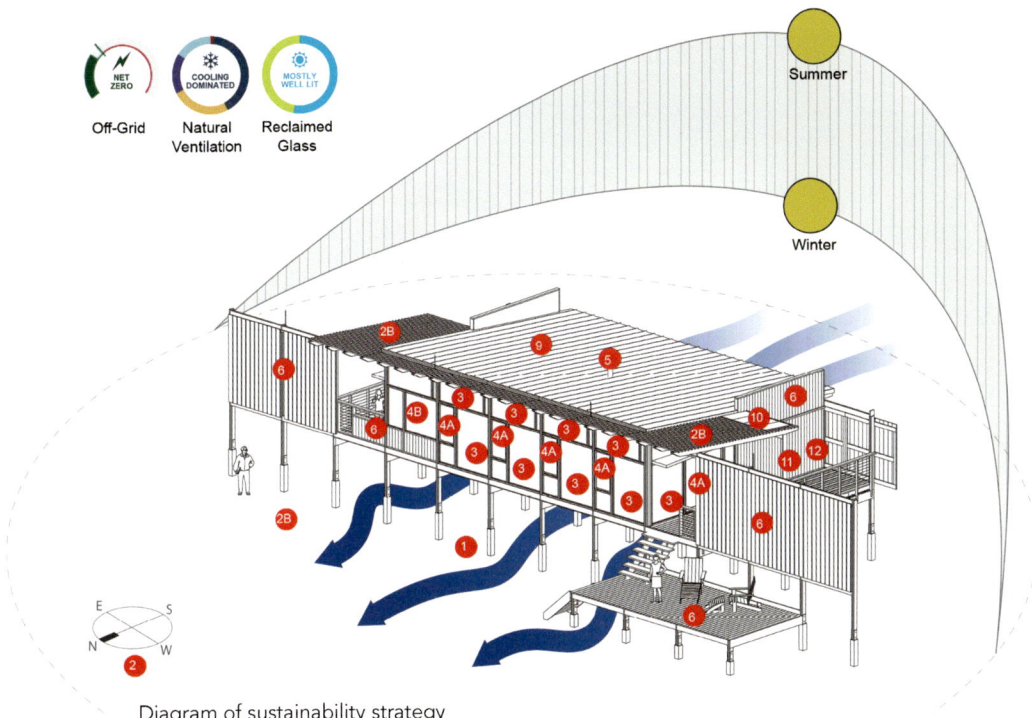

Diagram of sustainability strategy

The Glass Cabin is off-grid and thus net-zero with the following passive features:

1. Raised structure
   Allows flood water to flow freely below
   Minimum disturbance of the grasslands
2. North-South orientation
   2A | Northern window wall
   2B | Trellis for east and west shading
3. Reclaimed 1″ low-E insulation glass
   Provides daylighting and views
   From a commercial office building expansion
4. Natural ventilation
   4A | Operable windows and patio doors
   4B | Screened-in porch
   4C | Ceiling fans
5. Wood-burning efficient stove
   Warmth and light
6. Western Red cedar structure, siding and

decking
   Natural finish
   Water, fire, and insect-resistant
7. Minimum construction waste
   Standard lumber sizes
8. Insulated floor, roof, and walls
   R-30 floor, R-22 roof, and R-15 walls
   Mineral wool and rigid insulation
   + 2x6 wood floor and roof decking
9. White metal roof
   Minimize heat gain
10. Solar panels and battery power
    LED lighting
    DC motor ceiling fans
11. Compost toilet
12. Gray water filtration

The cedar surfaces were left natural to take a warm gray patina, referencing the aged barns in the area. All flooring is natural cork. The exposed rough-sawn structure, barn doors, exterior and interior siding, and exterior decking is predominately Western Red Cedar, selected for its natural moisture-resistant, insect-resistant, fire-retardant, acoustical properties and is a renewable resource.

Las superficies de cedro se dejaron al natural para que adquirieran una cálida pátina gris, en referencia a los graneros envejecidos de la zona. Todos los suelos son de corcho natural. La estructura, las puertas de granero, el revestimiento exterior e interior y el entarimado exterior son predominantemente de cedro rojo occidental, seleccionado por sus propiedades naturales de resistencia a la humedad, a los insectos, ignífugas y acústicas, y por ser materia reciclable.

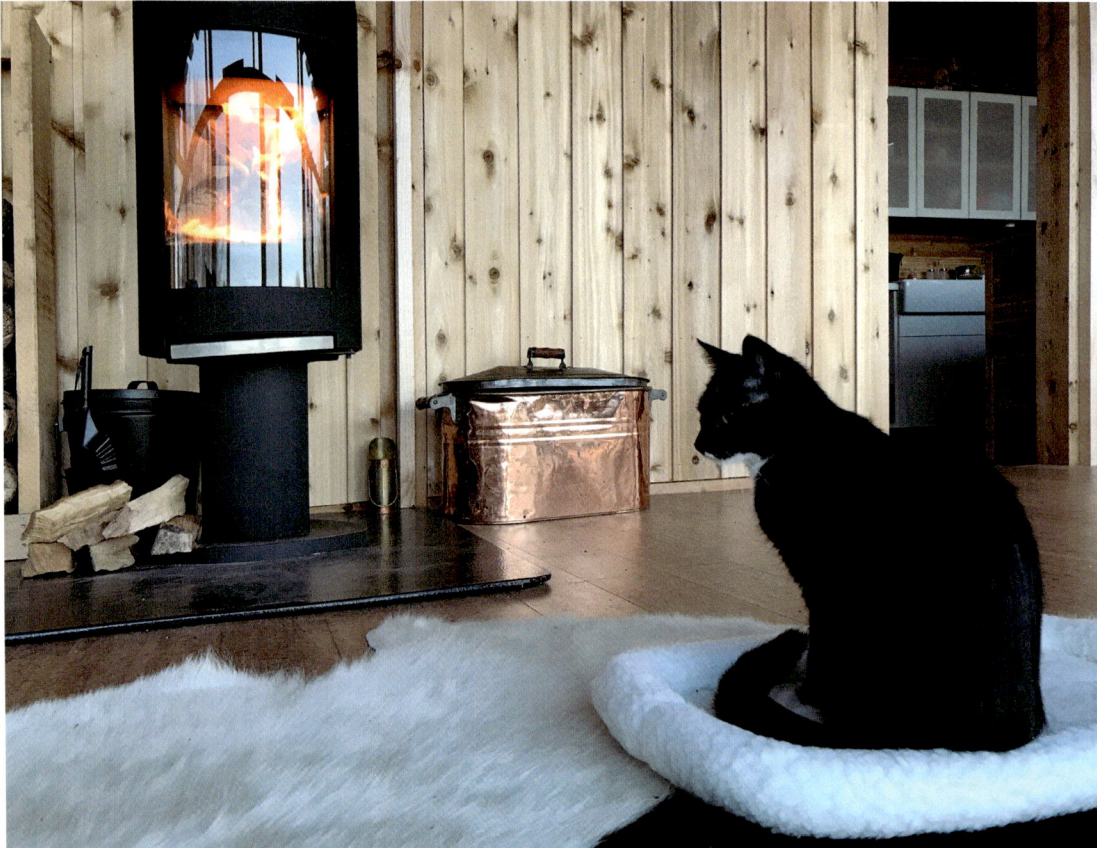

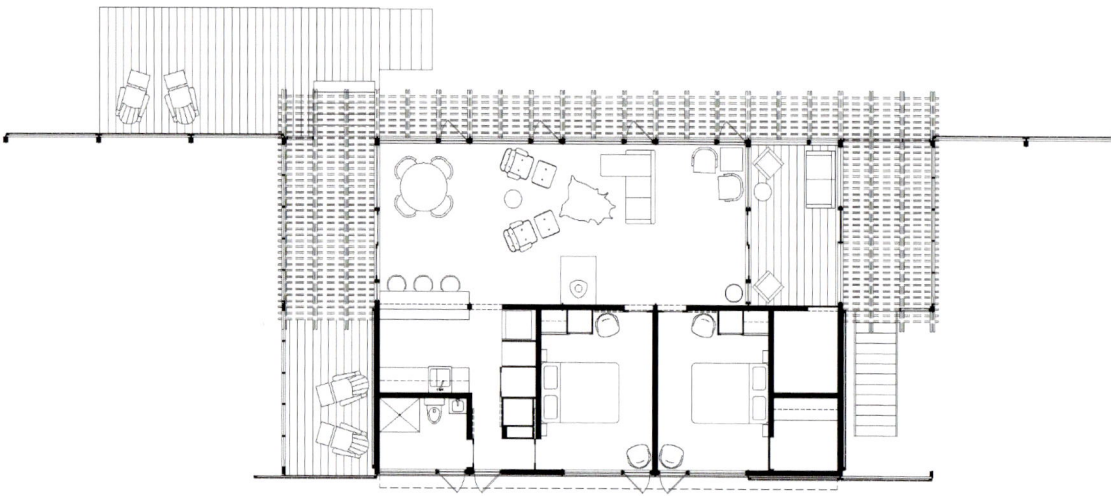

Floor plan

0' 2' 4'   8'   16'

N

The 14' x 32' Great Room, with floor-to-ceiling glass on three sides, creates an experience of being outdoors, with northern daylighting and prairie views. A screened-in porch, east and west terraces, and a lower terrace complete the outdoor interaction.

El Gran Salón de 14' x 32', con cristales del suelo al techo en tres lados, crea una agradable sensación de estar al aire libre, con luz natural del norte y vistas de la pradera. Un porche cubierto, las terrazas este y oeste y la terraza inferior completan la interacción con el exterior.

Barn doors are wide sliding doors that have made their way to homes, becoming popular interior design pieces that offer a rustic appeal.

Las puertas de granero son amplias puertas correderas que se han abierto paso en los hogares, convirtiéndose en populares piezas de diseño de interiores que ofrecen un atractivo rústico.

The kitchenette countertop is copper, and the wall cabinets are custom-built cedar with frosted glass doors. While primarily a three-season retreat, a Norwegian designed wood stove provides warmth for the holidays.
All-wood interiors are a throwback to simpler times. Inspired by traditional farmhouses, they celebrate comfort, cozy atmosphere, and life outdoors.

La encimera de la cocina es de cobre, y los armarios de pared son de cedro hechos a medida con puertas de vidrio esmerilado. Aunque es principalmente un refugio para las tres estaciones, una estufa de leña de diseño noruego proporciona calor también en vacaciones.
Los interiores de madera son un recuerdo a tiempos más sencillos. Inspirados en las granjas tradicionales, sugieren comodidad, un ambiente acogedor y vida al aire libre.

THE HUT

By Midland Architecture

Belmont County, Ohio, United States // Architecture: Midland Architecture // Photography: Lexi Ribar

The project site has a working cattle farm, which the family purchased in 1981. It was originally part of a strip mine, and through their stewardship, has been reclaimed by forest, grasslands, and lakes. The Hut sits amongst trees, atop a high bank overlooking a lake. Its design was inspired by the Scandinavian concept of hygge, which can be described as a feeling of cozy contentment and wellbeing through the enjoyment of simple things in life. A build team comprised of family and friends constructed the cabin. Heavily influenced by aspects of farming, they used building techniques born out of tradition and logic, with simple materials used economically.

Responding to the principles of sustainability, the cabin sits on a simple foundation of concrete piers to minimize its environmental impact. It runs off solar power and collected rainwater, satisfying the desire for an off-grid retreat.

Country and crafts styles among others are generally the most suitable styles for cottage and cabin interiors in keeping with an organic architecture that engages with a natural setting.

The overall design for the retreat demonstrates an emphasis on craft, in a style that the builders of The Hut like to call Country minimalism.

El entorno del proyecto incluye una granja ganadera en funcionamiento, que la familia compró en 1981. Originalmente era parte de una mina exterior, y a través de su administración, ha sido regenerada como bosque, pradera y lagos. La cabaña se asienta entre los árboles, en lo alto de una alta orilla con vistas a un lago. Su diseño se inspira en el concepto escandinavo, que puede describirse como un sentimiento de satisfacción y bienestar acogedor a través del disfrute de las cosas sencillas de la vida. Un equipo de construcción compuesto por familiares y amigos construyó la cabaña. Fuertemente influenciados por aspectos de la agricultura, utilizaron técnicas de construcción nacidas de la tradición y la lógica, con materiales sencillos y económicos.

Respondiendo a los principios de sostenibilidad, la cabaña se asienta sobre una sencilla base de pilares de hormigón para minimizar su impacto ambiental. Recoge agua de lluvia, satisfaciendo el deseo de un retiro off-grid.

Los estilos rústicos y artesanales, entre otros, son generalmente los más adecuados para interiores de casas de campo y cabañas, en consonancia con una arquitectura orgánica que se adapta a un entorno natural.

El diseño general del retiro demuestra un énfasis en la artesanía, en un estilo que los constructores de The Hut llaman "minimalismo country".

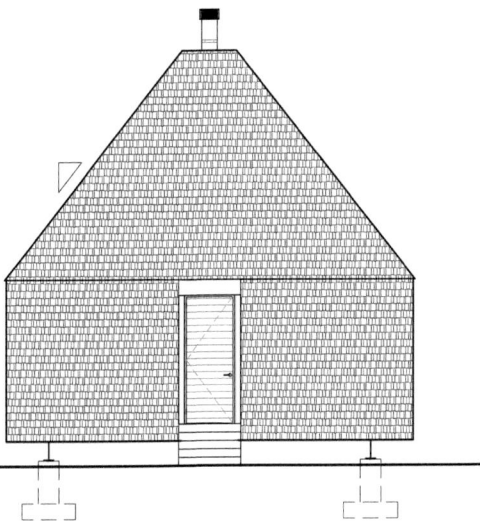

North elevation

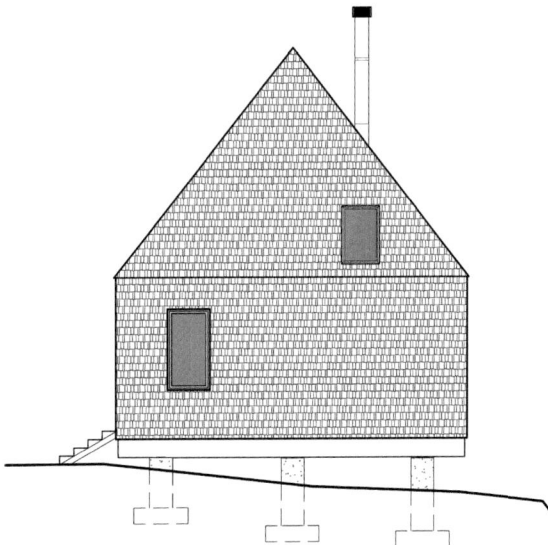

West elevation

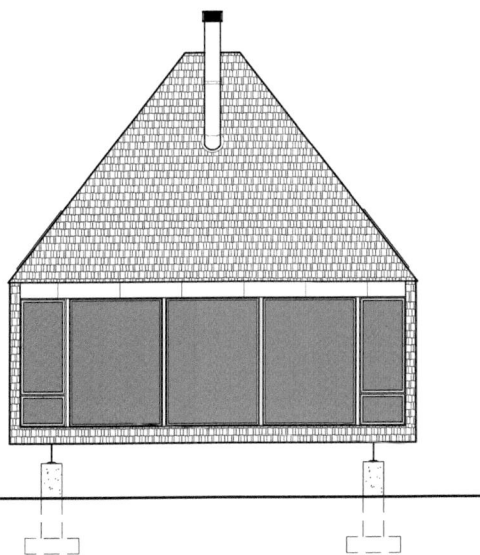

South elevation

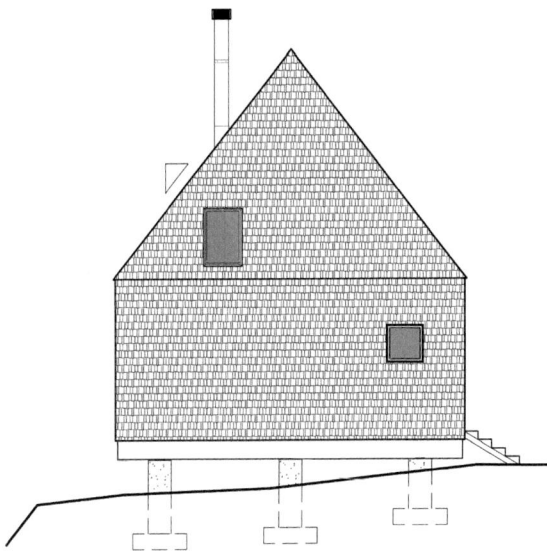

East elevation

Designed for peace of mind, the outside setting is brought in through a wide expanse of floor-to-ceiling windows. The simple interiors feature bleached Eastern pine floors and white painted wall paneling. The pared-back aesthetic allows the outside landscape to be ever more present in the interior. Contemporary and cozy can coexist. Combine clean lines with organic elements to achieve an atmosphere that is unpretentious yet elegant and attuned to nature.

Diseñado para su tranquilidad, el entorno exterior se introduce a través de una amplia extensión de ventanas colocadas de suelo a techo. Los sencillos interiores presentan suelos de pino oriental blanqueado y paneles de pared pintados de blanco. La estética de la pared trasera permite que el paisaje exterior esté cada vez más presente.Lo contemporáneo y lo acogedor pueden coexistir. Combina líneas limpias con elementos orgánicos para lograr una atmósfera sin pretensiones pero elegante y en sintonía con la naturaleza.

CABIN ØSTFOLD

By Lund+Slaatto Architects

Østfold, Norway // Architecture: Lund+Slaatto Architects // Photography: Marte Garmann

The Cabin Østfold is located in the Oslofjord archipelago, with great views to the sea, and the adjacent coastal landscape. The cabin consists of two structures—a main building and an annex—connected by a central terrace. The foundation of a previous building on the site and its architectural character established the limits of the new construction and informed the new design. This is reflected in the design of the roof, which takes cues from the traditional gable roof structures. While Cabin Østfold may incorporate elements of the area's vernacular architecture, it exudes a modern appeal that comes with the creative use of natural materials. The cabin's exterior and the terrace are built with cedar timber. The roof eave extends over the windows, limiting heat gain and glare but allowing the interior to take in the views of the sea. The brise soleil is a popular and effective solar shading technique widely used before air-conditioning to control the amount of direct sunlight that enters a building.

The cedar terrace and roof form a continuous surface that protects the hillside of the cabin in a sheltering way while extending beyond and above the windows at the front of the cabin to allow for light and views.

Geographical location, environmental and cultural context, climate, and orientation are factors that need to be taken into account during the design process of a building. These are some of the guidelines devised to optimize a building's adaptation to a specific site and optimize its efficiency and performance.

La cabaña Østfold está situada en el archipiélago de Oslofjord, con grandes vistas al mar y al paisaje costero adyacente. La cabaña consta de dos estructuras -un edificio principal y un anexo- conectadas por una terraza central. Los cimientos de un edificio anterior y su carácter arquitectónico establecieron los límites de la nueva construcción y dieron forma al nuevo diseño. Estas características se reflejan en el diseño del tejado, que se inspira en las estructuras tradicionales de tejado a dos aguas. Aunque la Cabaña Østfold incorpora elementos de la arquitectura vernácula de la zona, desprende un atractivo moderno gracias al uso creativo de materiales naturales. El exterior de la cabaña y la terraza están construidos con madera de cedro. El alero del tejado se extiende por encima de las ventanas, limitando el aumento de temperatura y el deslumbramiento, pero a su vez, permitiendo disfrutar de las vistas al mar. El brise soleil es una técnica de protección solar popular y eficaz, muy utilizada antes de la climatización para controlar la cantidad de luz solar directa que entra en un edificio.

La terraza y el tejado de cedro forman una superficie continua que protege la ladera de la cabaña, al tiempo que se extiende más allá y por encima de las ventanas de la parte delantera de la cabaña para permitir la entrada de luz y las vistas.

La ubicación geográfica, el contexto ambiental y cultural, el clima y la orientación son factores que deben tenerse en cuenta durante el proceso de diseño de un edificio. Estas son algunas de las pautas ideadas para optimizar la adaptación de un edificio a un lugar específico y optimizar su eficiencia y rendimiento.

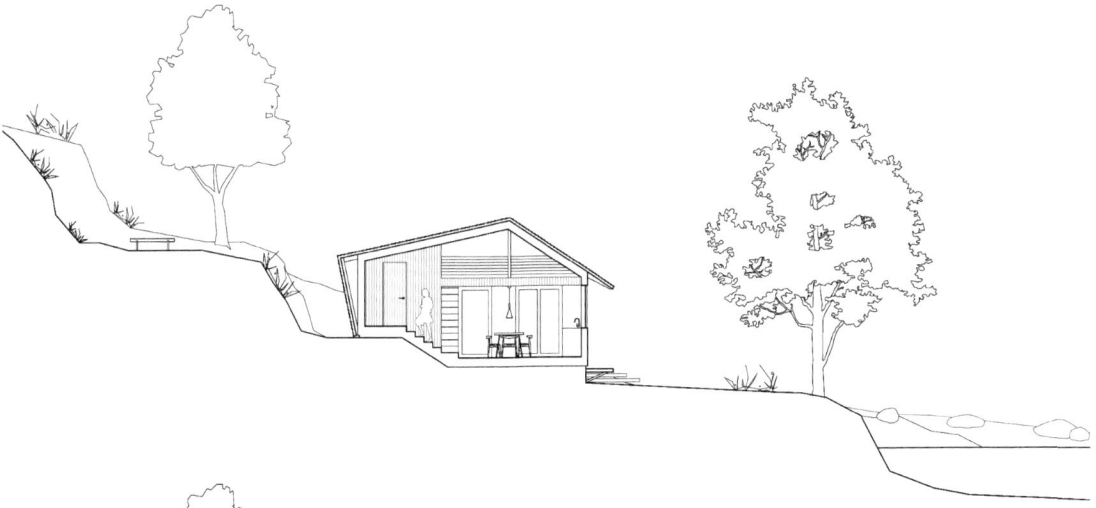

Sections

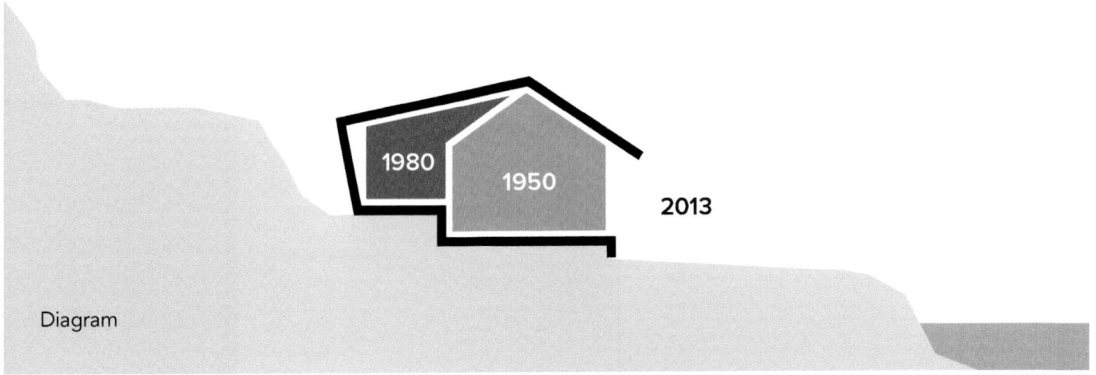

1980 1950 2013

Diagram

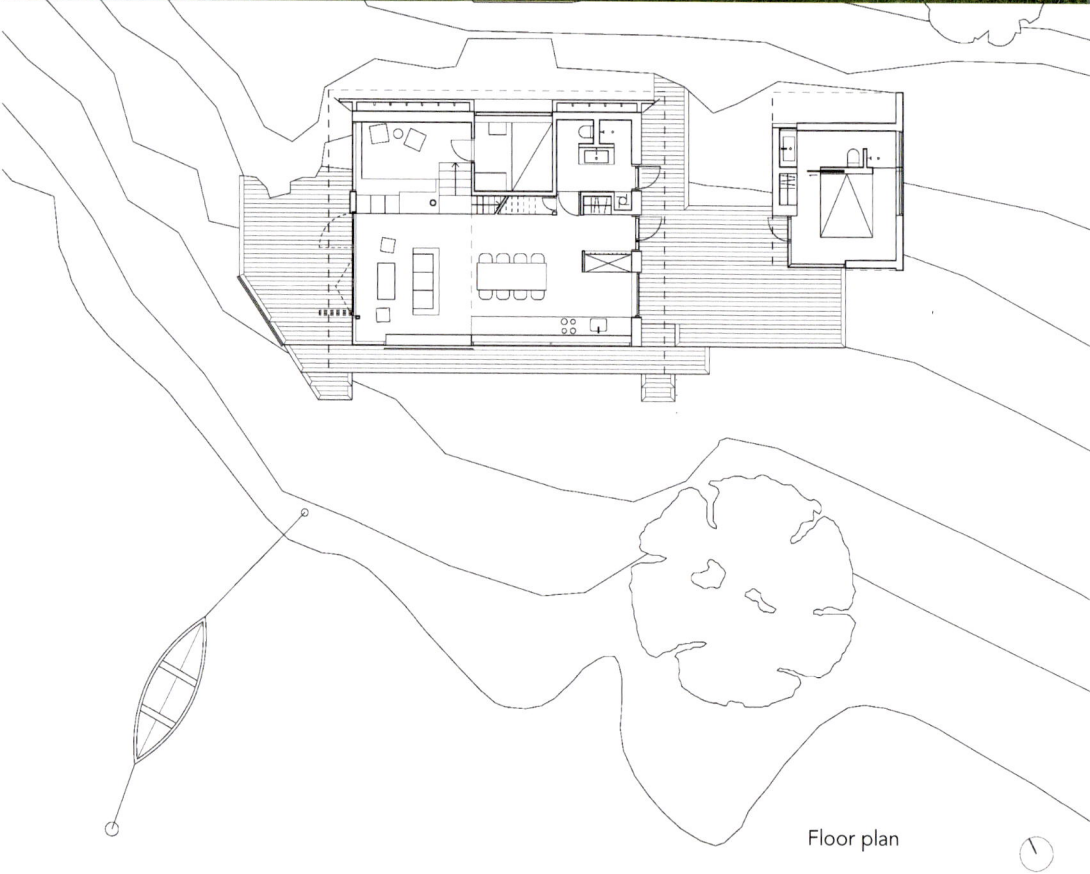

Floor plan

Avoid tall furniture to enhance the sense of amplitude in small spaces. With few or no cumbersome pieces of furniture, a room can also look brighter because light can reach further in, and no unsightly shadows are cast.

Protecting windows from sunlight is critical for good window management. How the sun moves through the sky should determine a building's orientation and the placement of windows to minimize direct solar admission.

The cabin's interior is an open plan layout organized on various levels, adapting to the site's sloping topography. With minimal partitions, every corner of the cabin enjoys the views and the light through the glazed sea-facing wall.

Evite los muebles altos para aumentar la sensación de amplitud en los espacios pequeños. Con pocos o ningún mueble engorroso, una habitación también puede parecer más luminosa porque la luz puede llegar más adentro y no se proyectan sombras antiestéticas.

Proteger las ventanas de la luz solar es fundamental para una buena gestión de las mismas. La forma en que el sol se desplaza debe determinar la orientación de un edificio y la colocación de las ventanas para minimizar la entrada directa de la luz solar.

El interior de la cabaña es una disposición de planta abierta organizada en varios niveles, que se adapta a la topografía inclinada del lugar. Con unos tabiques mínimos, cada rincón de la cabaña disfruta de las vistas y la luz a través de la pared acristalada orientada al mar.

CABIN USTAOSET

By Jon Danielsen Aarhus

Hol Municipality, Norway // Architecture: Jon Danielsen Aarhus // Photography: Knut Bry

Cabin Ustaoset is situated 3,500 feet above sea level, midway between Oslo and Bergen, at the foot of the mighty Hardangervidda—Europe's highest mountain plateau. With no road connection, construction materials were flown in by helicopter. The groundwork was done carefully, siting the cabin on pillars to preserve as much as possible of the slow-growing vegetation. The exterior of the building had to be finished during the short summer months, while the rest was completed in mid-winter when materials for the interior could be transported in with snow scooters. A preexisting small cabin was maintained. The two structures, facing each other, create a central sheltered outdoor space to enjoy during the good weather.

Roof overhangs protect siding, doors, and windows from water damage.This modern cabin features floor-to-ceiling windows that showcase the uniform pine cladding on the cabin's exterior and interior.

Remoteness suggests serenity and quiet under a star-studded black sky. It offers the opportunity for an ideal getaway to satisfy the need for the full nature experience and authenticity, away from the stressful demands of the urban daily life.

The floor-to-ceiling windows are three-layer, insulating, and solar protected glass panels. They take in the views of the Ustevann Lake, the Hallingskarvet mountains, and the Hardangerjøkulen glacier, providing a sense of being part of this magnificent landscape while maintaining a comfortable temperature inside the cabin.

La cabaña Ustaoset está situada a 1.066 metros sobre el nivel del mar, a medio camino entre Oslo y Bergen, a los pies de la poderosa Hardangervidda, la meseta montañosa más alta de Europa. Al no haber conexión por carretera, los materiales de construcción se transportaron en helicóptero. El trabajo del suelo se hizo con cuidado, asentando la cabaña sobre pilares para preservar al máximo la vegetación de crecimiento lento. El exterior del edificio tuvo que terminarse durante los cortos meses de verano, mientras que el resto se completó a mediados de invierno, cuando los materiales para el interior podían transportarse con motos de nieve. Se mantuvo una pequeña cabaña preexistente. Las dos estructuras, una frente a la otra, crean un espacio exterior central protegido para disfrutar durante el buen tiempo.

Los voladizos del tejado protegen el revestimiento, las puertas y las ventanas de los daños causados por el agua. Esta moderna cabaña cuenta con ventanas del suelo al techo que muestran el revestimiento uniforme de pino en el exterior e interior de la cabaña.

La lejanía sugiere serenidad y tranquilidad bajo un cielo negro tachonado de estrellas. Ofrece la oportunidad de una escapada ideal para satisfacer la necesidad de una experiencia plena en la naturaleza y la autenticidad, lejos de las estresantes exigencias de la vida cotidiana urbana.

Las ventanas del suelo al techo son paneles de vidrio de tres capas, aislantes y con protección solar. Desde ellas se pueden contemplar las vistas del lago Ustevann, las montañas Hallingskarvet y el glaciar Hardangerjøkulen, lo que da la sensación de formar parte de este magnífico paisaje, al tiempo que se mantiene una temperatura agradable en el interior de la cabaña.

Sections

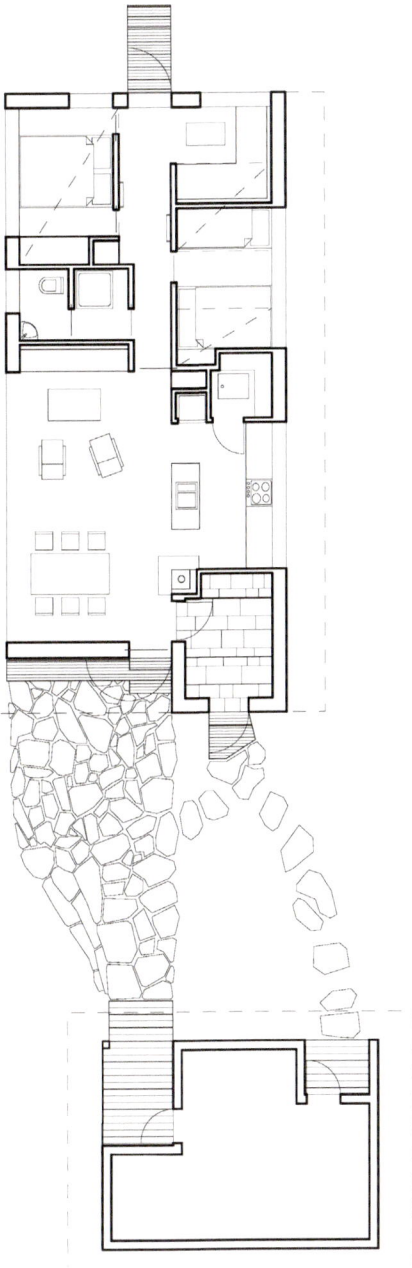

Floor plan

Pine, like other wood types such as spruce, larch, and cedar used for wall cladding, offers excellent insulation and the classic cabin look that one might expect from a mountain retreat.

The floor-to-ceiling windows are three-layer, insulating, and solar protected glass panels. They take in the views of the Ustevann Lake, the Hallingskarvet mountains, and the Hardangerjøkulen glacier, providing a sense of being part of this magnificent landscape while maintaining a comfortable temperature inside the cabin.

El pino, al igual que otros tipos de madera como el abeto, el alerce y el cedro utilizados para el revestimiento de las paredes, ofrece un excelente aislamiento y el aspecto clásico de cabaña que cabe esperar de un refugio de montaña.

Las ventanas del suelo al techo son paneles de vidrio de tres capas, aislantes y con protección solar. Desde ellas se pueden contemplar las vistas del lago Ustevann, las montañas Hallingskarvet y el glaciar Hardangerjøkulen, lo que da la sensación de formar parte de este magnífico paisaje, al tiempo que se mantiene una temperatura agradable en el interior de la cabaña.

AB STUDIO

By Copeland Associates Architects

Taihape, New Zealand // Architecture: Copeland Associates Architects //
Photography: Copeland Associates Architects

This small cabin was designed to provide a retreat for relaxation and quiet contemplation in harmony with its natural surroundings. It is located on a south-facing slope overlooking the town of Taihape with its layers of hills beyond, stretching to the Ruahine Ranges. Originally, the retreat was to be a studio for art practice and a base from which to explore the landscapes of the Manawatu-Rangitikei region. The brief then extended to require accommodation for occasional gatherings with friends. Locally sourced materials and technologies were implemented into the design of the cabin, limiting carbon footprint, optimizing energy performance, and building economically in this remote site.

Causing minimal disturbance to the natural terrain, the cabin's structure consists of prefabricated panels assembled on a grid of supporting timber piles, raised well above the ground. The panels, manufactured from cross-laminated timber, form floors, walls, and roof all exposed and clear finished. Doors, kitchen cabinetry, and laundry benches are made from offcuts of the same material.

Pallets, packing fillets, and CLT factory offcuts were all saved to make joinery fittings, including doors, cabinets, and benches. The high thermal mass of the CLT panels, coupled with good external insulation, provides a comfortable interior environment throughout the seasons. Wood, readily available locally, is used for heating.

The use of prefabricated cross-laminated timber panels was led by the desire for a solid, warm enclosure. Another advantage was the ability to build quickly. The precision-made panels were assembled on-site in two days. Followed immediately by fitting the aluminium windows, a weatherproof shell was ready for internal finishing and external cladding in just over a week.

The number and size of openings can influence the perception of spaces. Openings on various surfaces will make spaces look larger than they actually are, mainly because they allow in great amounts of light.

Esta pequeña cabaña fue diseñada para proporcionar un retiro de relajación y contemplación en armonía con su entorno. Está situada en una ladera orientada al sur con vistas a la ciudad de Taihape, rodeada de colinas que se extienden hasta la cordillera de Ruahine. Originalmente, el retiro iba a ser un estudio para la práctica del arte y una base desde la cual explorar los paisajes de la región de Manawatu-Rangitikei. El proyecto se amplió para requerir alojamiento para reuniones ocasionales con amigos. Se utilizaron materiales y tecnologías de origen local en el diseño, limitando el impacto del carbono, optimizando el rendimiento energético y construyendo de forma económica.

La estructura de la cabaña se compone de paneles prefabricados montados sobre una rejilla de pilotes de madera que se elevan muy por encima del suelo. Los paneles, fabricados con madera laminada en forma de cruz, forman niveles, paredes y techos, todos con acabado transparente y a la vista. Las puertas, mobiliario de cocina y bancos de lavandería están hechos de recortes del mismo material.

Los recortes de fábrica de CLT se ahorraron para hacer accesorios de carpintería, incluyendo puertas, mobiliario y bancos. La alta masa térmica de los paneles CLT, junto con un buen aislamiento proporciona un ambiente interior confortable durante toda la temporada. La madera, de origen local, se utiliza para la calefacción.

El uso de paneles prefabricados de madera laminada cruzada fue impulsado por el deseo de un cerramiento sólido y cálido. Otra ventaja era la capacidad de construir de forma rápida. Los paneles de precisión se ensamblaron en el lugar en dos días. Inmediatamente después se instalaron ventanas de aluminio y una carcasa resistente a los efectos de la intemperie. El revestimiento exterior se completó en poco más de una semana.

El número y el tamaño de las aberturas pueden influir en la percepción de los espacios. Las aberturas en varias superficies harán que los espacios se vean más grandes de lo que realmente son, principalmente porque permiten grandes cantidades de luz.

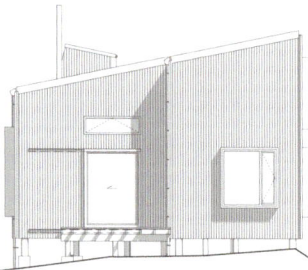

North elevation

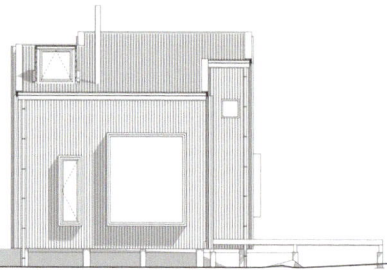

East elevation

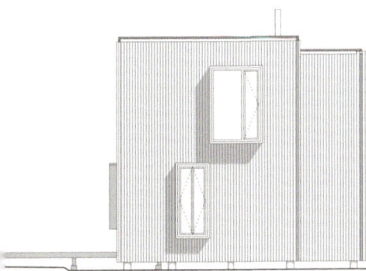

West elevation

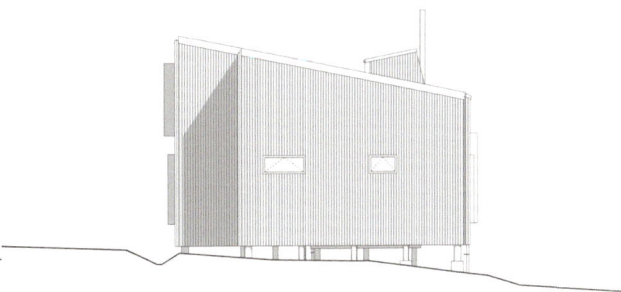

South elevation

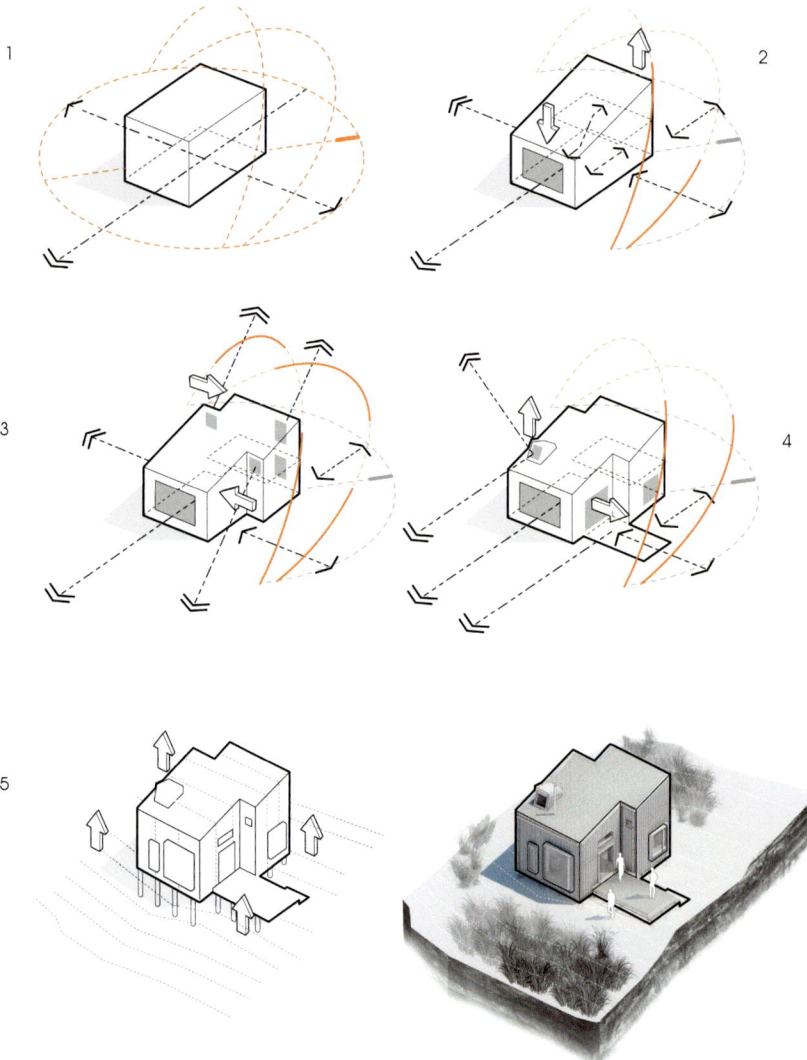

Environmental diagrams

1. Sun, site, and context orientation.
2. Main view shaft, sleep, utility and form modifications to inform internal layout.
3. Pushing and pulling form to maximize daylight gain and opportunities for views.
4. Pulling out the turret to the sky, activating the edges to the surroundings.
5. Elevating from the ground plane to maximize views and pushing views out to activate wall edges.

Diagramas ambientales

1. Orientación al sol, al lugar y al contexto.
2. Eje de vista principal, suspensión, utilidad y modificaciones de forma para integrar la disposición interna.
3. Maximizar la ganancia de luz diurna y las oportunidades de las vistas exteriores.
4. Sacando la torreta hacia arriba, integrando la estructura al entorno.
5. Elevación para maximizar las vistas.

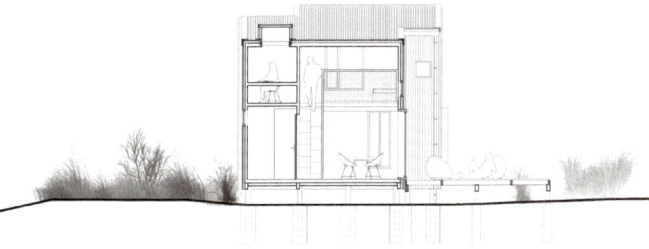

Section 1-1

Section 3-3

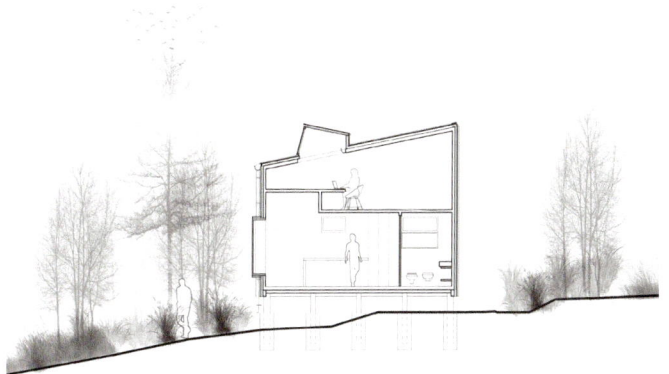

Section 2-2

1-1

3-3   3-3

2-2   2-2

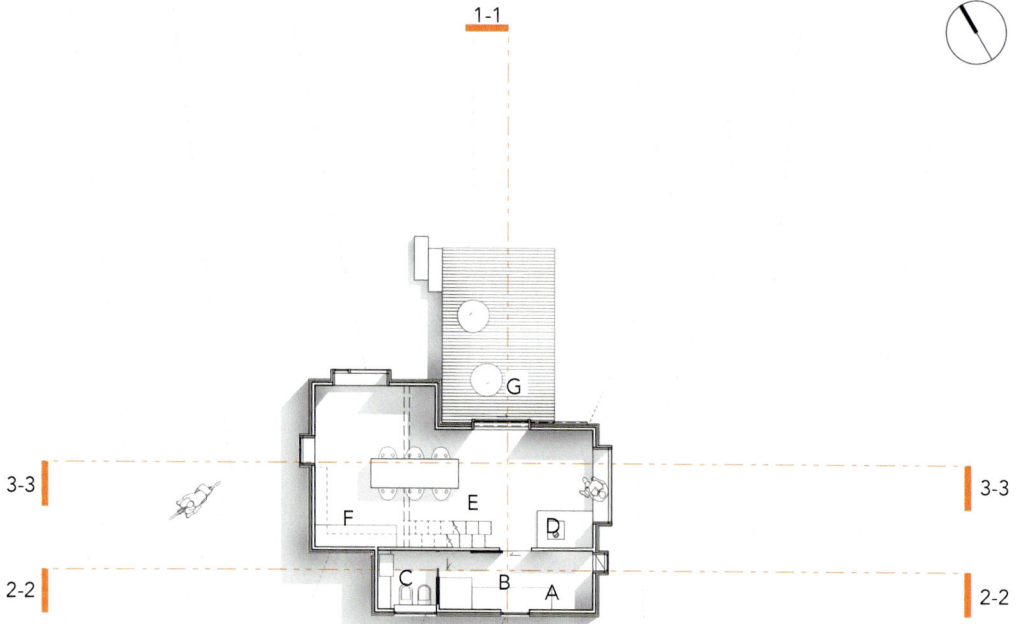

Ground floor plan

A. Shower
B. Utility/laundry room
C. Bathroom
D. Hearth
E. Studio
F. Kitchen
G. Viewing platform
H. Bedroom
I. Loft
J. Platform
K. Turret
L. Mezzanine access

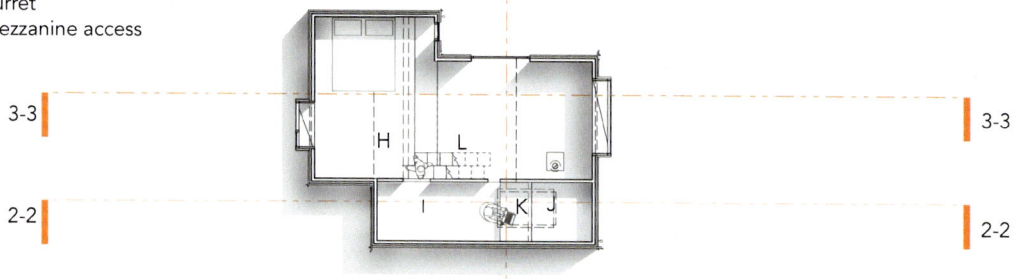

3-3   3-3

2-2   2-2

Mezzanine floor plan

1-1

FOREST
CABIN RETREAT

By The Way We Build

Robbenoordbos, The Netherlands // Architecture: The Way We Build // Photography: Jordi Huisman

Built as a nature retreat for meditation and creation, this mobile cabin stands at the edge of a forested area, facing an open field. It offers guests peace and quiet away from the noise of the urban environment. The retreat is nothing like the usual mountain or beach cabin. Its construction is minimal and devoid of any ornamentation. In the interior, furnishing is sparse to go with the raw and bare aesthetic. The atmosphere is monastic. In keeping with the religious appeal of the retreat, a series of interlocking wood panels cut to look like archways create a dome above the space, a place for guests to immerse themselves into their meditative needs or creative pursuits.

Two of the four cabin's walls are shingle clad, while the other two are fully glazed, creating a sense of protection yet opening the interior to the exterior to experience the intimacy of the forest and the expansiveness of the open field.

The environment of a chosen site sets the tone for the form and materiality of a building, creating a harmonious connection with the existing natural features.

Construida en plena naturaleza como un espacio de retiro espiritual y meditación, esta cabaña móvil se sitúa en el linde de una zona boscosa, frente a un campo abierto. Ofrece a sus huéspedes paz y tranquilidad lejos del ruido de las ciudades. Un refugio que no se parece en nada a la tradicional cabaña de montaña o playa. Su construcción es austera y sencilla, carece de toda ornamentación. En el interior, el mobiliario es escaso con la intención de mantener esa estética cruda y desnuda, un ambiente casi monástico. En consonancia con el reclamo espiritual del retiro, una serie de paneles de madera entrelazados, dispuestos a modo de arcos, crean una cúpula sobre el espacio. Un lugar idóneo en el que sus huéspedes tengan la posibilidad de sumergirse en el mundo de la meditación y la creatividad.

Dos de las cuatro paredes de la cabaña están revestidas de tejas, mientras que las otras dos están totalmente acristaladas, lo que crea una sensación de protección y, al mismo tiempo, abre el interior al exterior para experimentar la intimidad del bosque y la amplitud del campo abierto.

El entorno de un lugar elegido marca el tono de la forma y la materia de un edificio, creando una conexión armoniosa con las características naturales existentes.

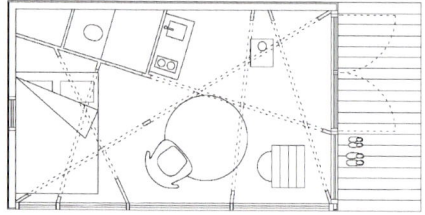

Floor plan

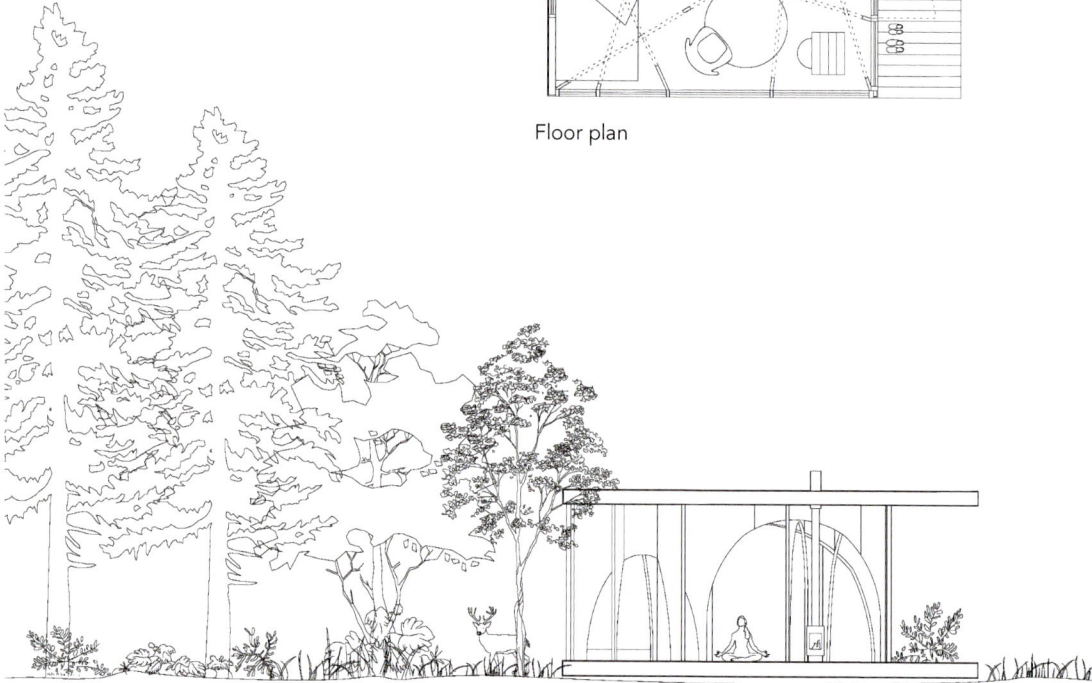

Elevation

Open plan setups and big windows can make the outdoors feel as if it's an extension of the interior and encourage time spent outside. Scientific studies show that spending time outdoors strengthens the ability to concentrate

The interior includes a bed, a compact kitchen, a wood burning stove, and a compost toilet. A shower is in the shared bathhouse onsite. All is conceived to focus on the connection with nature and the enjoyment of peace and quiet.

Minimal partitions make the most of limited space, while maximizing daylight and views, and promoting a sense of spaciousness.

Las configuraciones de planta abierta y los grandes ventanales pueden hacer que el exterior se sienta como una extensión del interior y fomentar el tiempo que se pasa fuera. Los estudios científicos demuestran que pasar tiempo al aire libre refuerza la capacidad de concentración.

El interior incluye una cama, una cocina compacta, una estufa de leña y un inodoro de compostaje. Hay una ducha compartida en la casa de baños. Todo está concebido para centrarse en la conexión con la naturaleza y el disfrute de paz y tranquilidad.

Los tabiques mínimos aprovechan al máximo el espacio limitado, al tiempo que maximizan la luz del día y las vistas, y fomentan la sensación de amplitud.

MINI HOUSE ONE+

By Architects Add-a-room

Location Stockolm, Sweden // Architecture: Architects Add-a-room // Photography: Matti Marttinen

Based on 15 square meter modules, the house is designed for those needing extra space on their lot, either as a small summerhouse or as an addition to an existing house. ONE+ can be positioned in various ways in conjunction with other ONE+ units for a variety of building designs, just like playing with Lego pieces. So, the houses can be linked together and grow as needed. "You only buy what you need. If the family grow after some years you just add on more modules", said Danish architect Lars Frank Nielsen.

The houses are built with solid Scandinavian materials that require minimal maintenance and all units come with electricity and plumbing ready to go as well as the veranda and pergola.

The sauna for multiple use. The sauna module is 3x2,4 meters and is possible to connect to the ONE+ house, use as a sauna or as an extra room. Another alternative is to put it on a fleet and use it as a sauna raft instead.

The basic ONE+ module is 15 sq meters with the possibility of a kitchen and/or bathroom, and also could be expanded with a sauna. ONE+ can, now or in the future, be linked together with other ONE+ modules, and this can be done in many different ways to create a variety of designs and to meet different needs.

Dispuesta en módulos de 15 metros cuadrados, la casa está diseñada para los que necesitan un espacio adicional en su terreno, ya sea como una pequeña casa de verano o como ampliación de una vivienda ya existente. One+ puede colocarse de distintas maneras junto con otras unidades para crear una variedad de diseños de construcción, como si se jugara con piezas Lego. De este modo, las casas pueden unirse y crecer en tamaño según se desee. "Sólo compras lo que necesitas. Si, después de unos años, la familia crece, simplemente añades unos módulos más", dice el arquitecto danés Lars Frank Nielsen.

Las casas se han construido con sólidos materiales escandinavos que requieren un mantenimiento mínimo y todas las unidades vienen con electricidad y un sistema de cañerías listos para ser utilizados, así como un porche y una pérgola.

La sauna para diferentes usos. El módulo de la sauna mide 3x2,4 metros y se puede conectar a la casa One+ como sauna o como habitación extra. Otra opción es ponerla sobre una balsa y utilizarla como sauna flotante.

El módulo básico One+ tiene 15 metros cuadrados y ofrece la posibilidad de añadir una cocina y/o un baño, que también puede ampliarse con una sauna. Siempre que se desee, One+ puede unirse con otros módulos de muchas maneras distintas para crear una variedad de diseños y satisfacer las distintas necesidades.

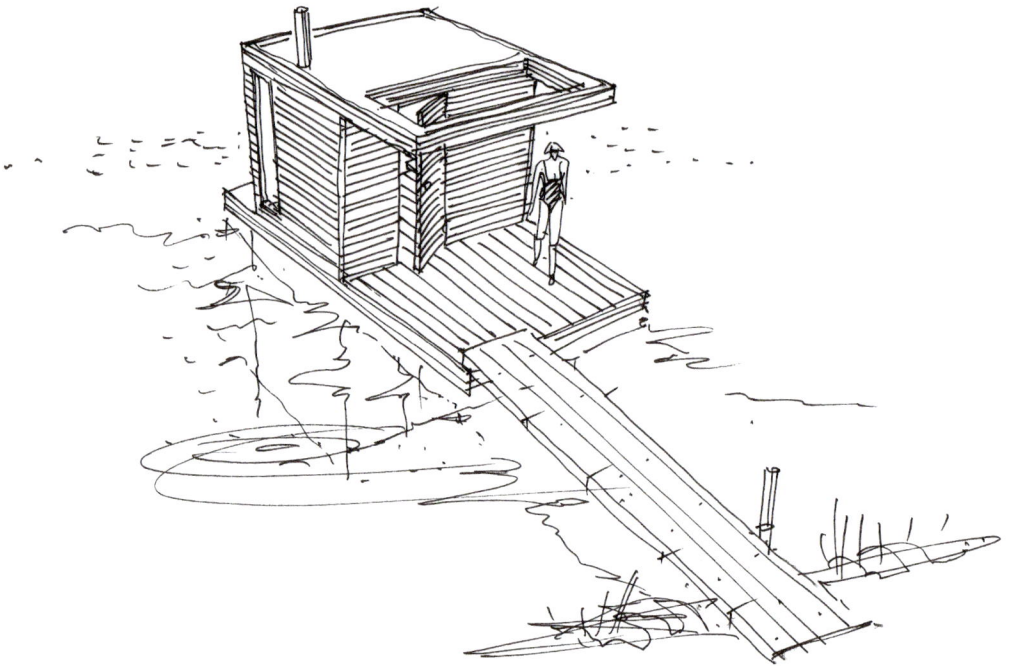

Sauna module

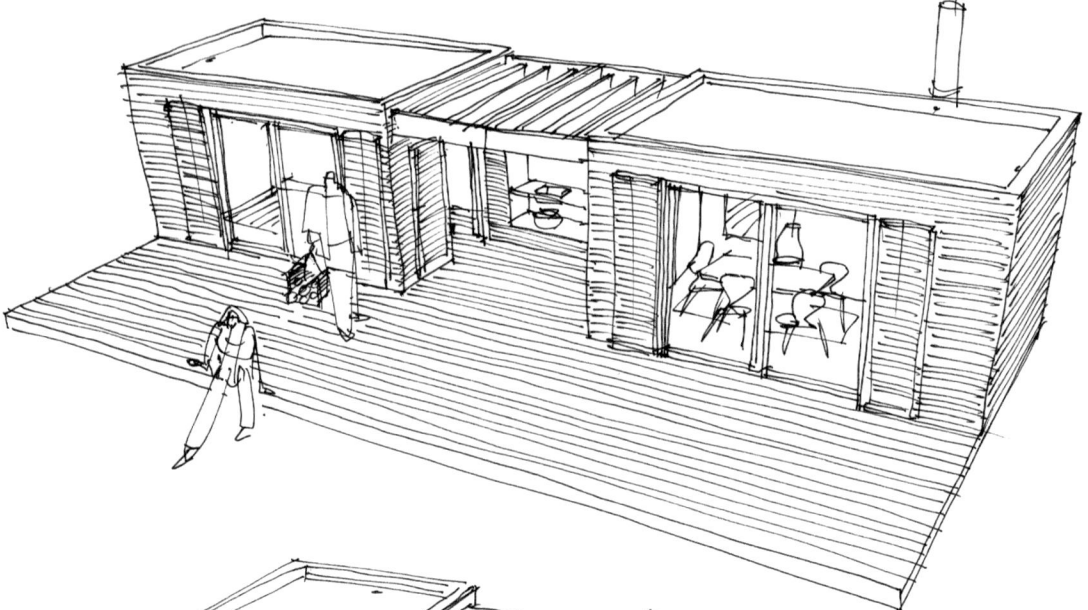

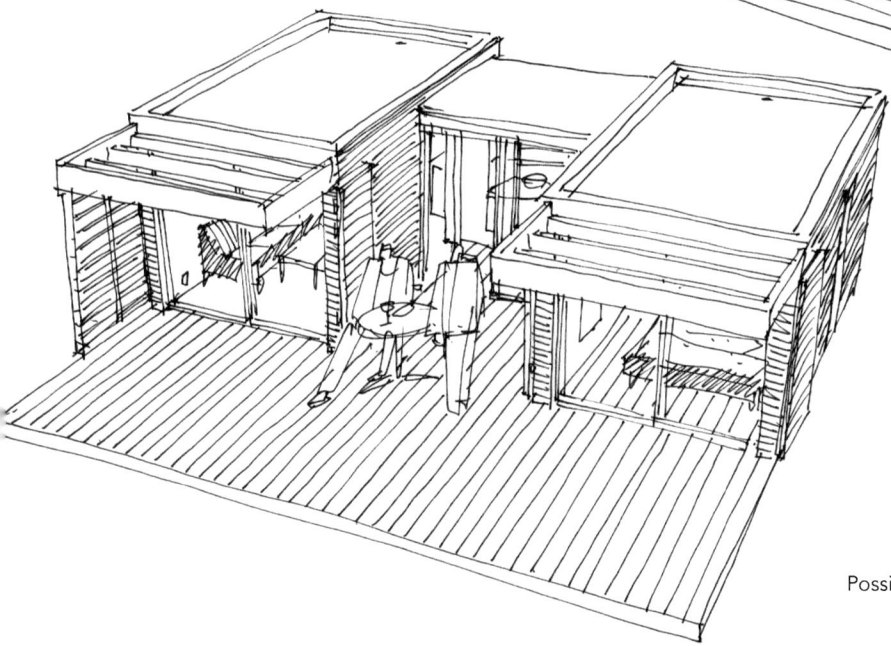

Possible combinations of modules

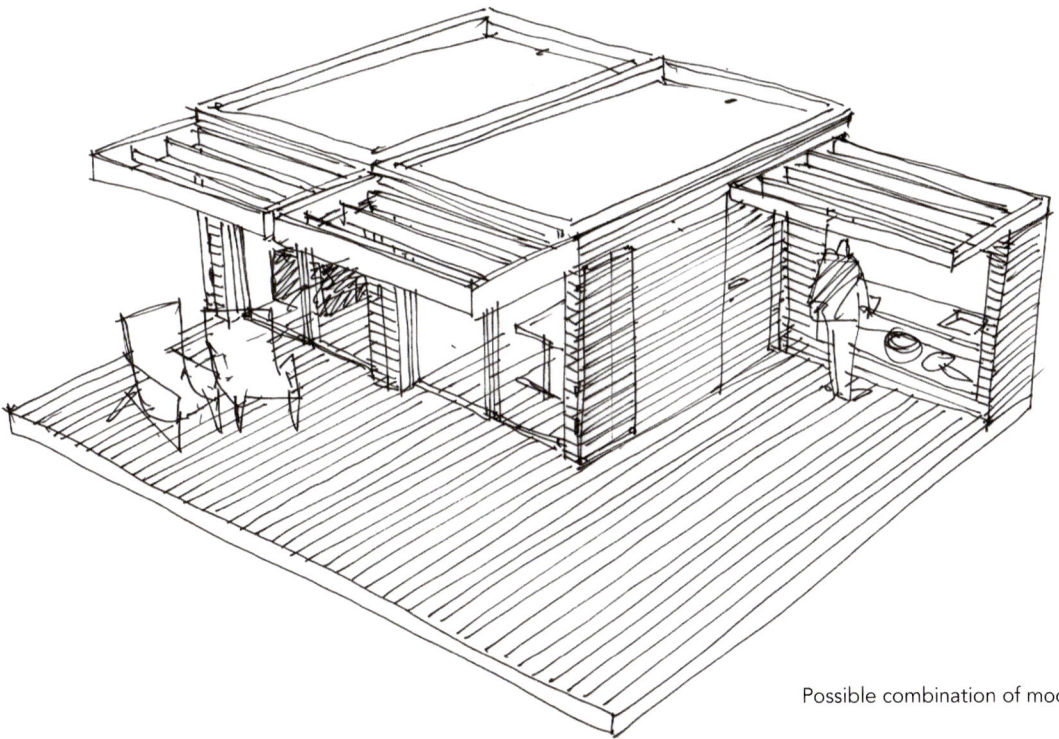

Possible combination of modules

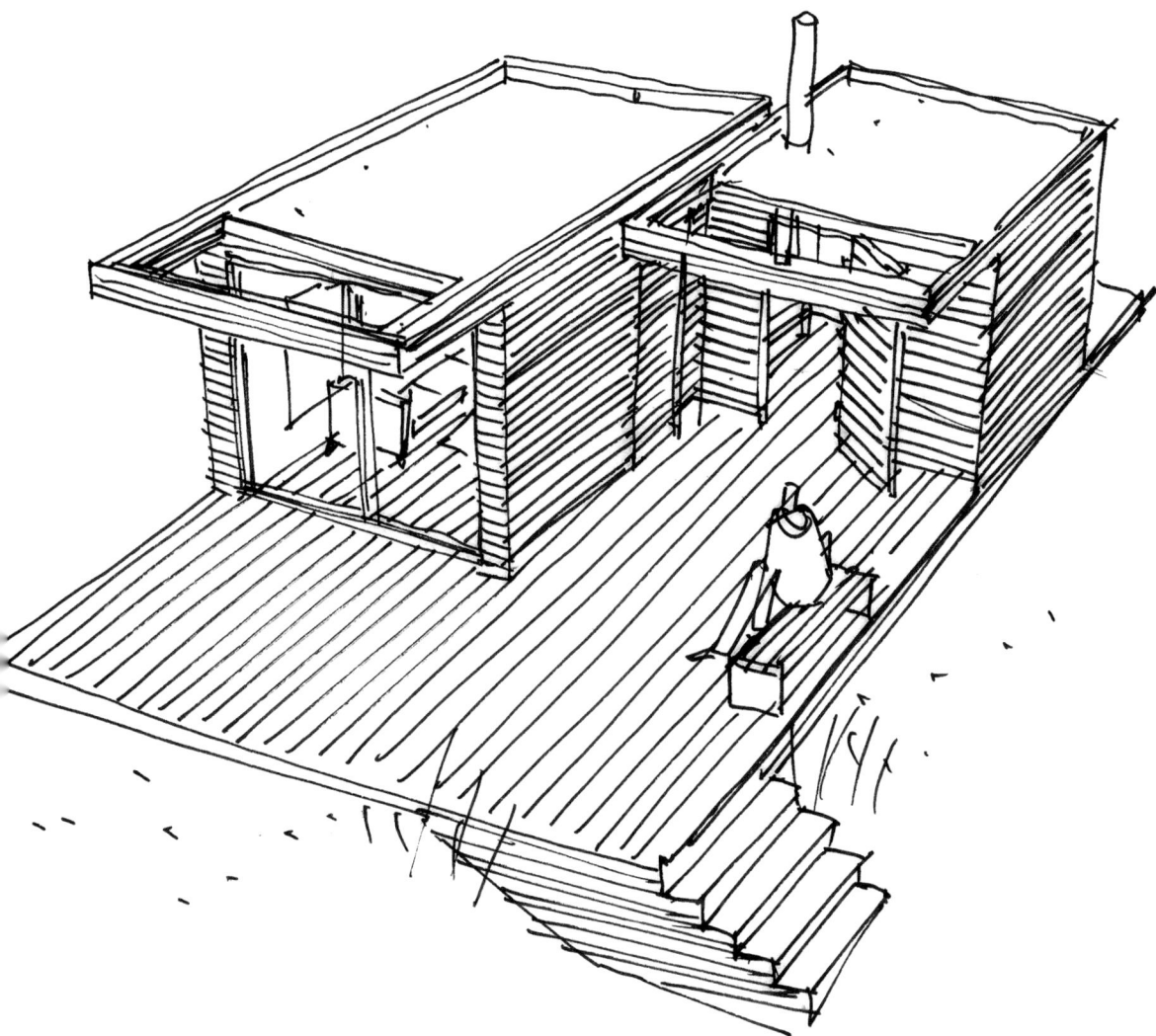

Interior garden facade

CABIN AT RONES

By Sanden + Hodnekvam

Rones, Norway // Architecture: Sanden + Hodnekvam // Photography: Sanden + Hodnekvam

The small cabin is sited on rugged and steep terrain with views over a spectacular fjord. Its compact footprint keeps to a minimum the environmental impact, yet the cabin offers maximum comfort, ensuring a pleasant nature experience. Taking the site itself as inspiration, the cabin's design stands out for its geometric clarity: A rectangular box topped by a triangular prism. The back wall facing the hillside and the side walls are made of concrete, offering protection against the harsh weather conditions of the region. In contrast, the front wall of the cabin is all glass, offering unobstructed views and taking in abundant natural light. The triangular prism is made of cross-laminated timber clad in black roofing felt, referencing vernacular buildings.

The ground floor is organized on two levels adapting to the terrain. This allows for a clear delimitation of areas without the need for partitions, creating an open feel despite the small dimensions.

Nature-inspired cottage and cabin designs can be taken a step further with natural features, such as outcroppings integrated into the design.

Multi-level spaces that adapt to the topography, floors that extend to the outdoors, floor-to-ceiling windows, and materials that mimic the colors of the natural surroundings are design gestures that enhance the architecture-nature symbiosis.

La pequeña cabaña está situada en un terreno escarpado y accidentado, con vistas a un espectacular fiordo. Su huella compacta minimiza el impacto ambiental, mientras que ofrece el máximo confort, garantizando una experiencia agradable en contacto con la naturaleza. Inspirada en el propio sitio, el diseño de la cabaña destaca por su claridad geométrica: una caja rectangular coronada por un prisma triangular. La pared trasera, que da hacia la ladera, y las paredes laterales están hechas de hormigón, proporcionando protección contra las duras condiciones climáticas de la región. En contraste, la pared frontal es completamente de vidrio, lo que permite vistas sin obstrucciones y la entrada de abundante luz natural. El prisma triangular está construido con madera contralaminada revestida con fieltro de tejado negro, en referencia a las construcciones vernáculas de la zona.

El piso principal se organiza en dos niveles que se adaptan al terreno. Esto permite una delimitación clara de los espacios sin necesidad de particiones, creando una sensación de apertura a pesar de las dimensiones reducidas.

Los diseños de cabañas y refugios inspirados en la naturaleza pueden elevarse aún más mediante elementos naturales, como afloramientos integrados en el diseño.

Espacios multinivel que se adaptan a la topografía, pisos que se extienden hacia el exterior, ventanas de piso a techo y materiales que reflejan los colores del entorno natural son gestos arquitectónicos que fortalecen la simbiosis entre arquitectura y naturaleza.

Site plan

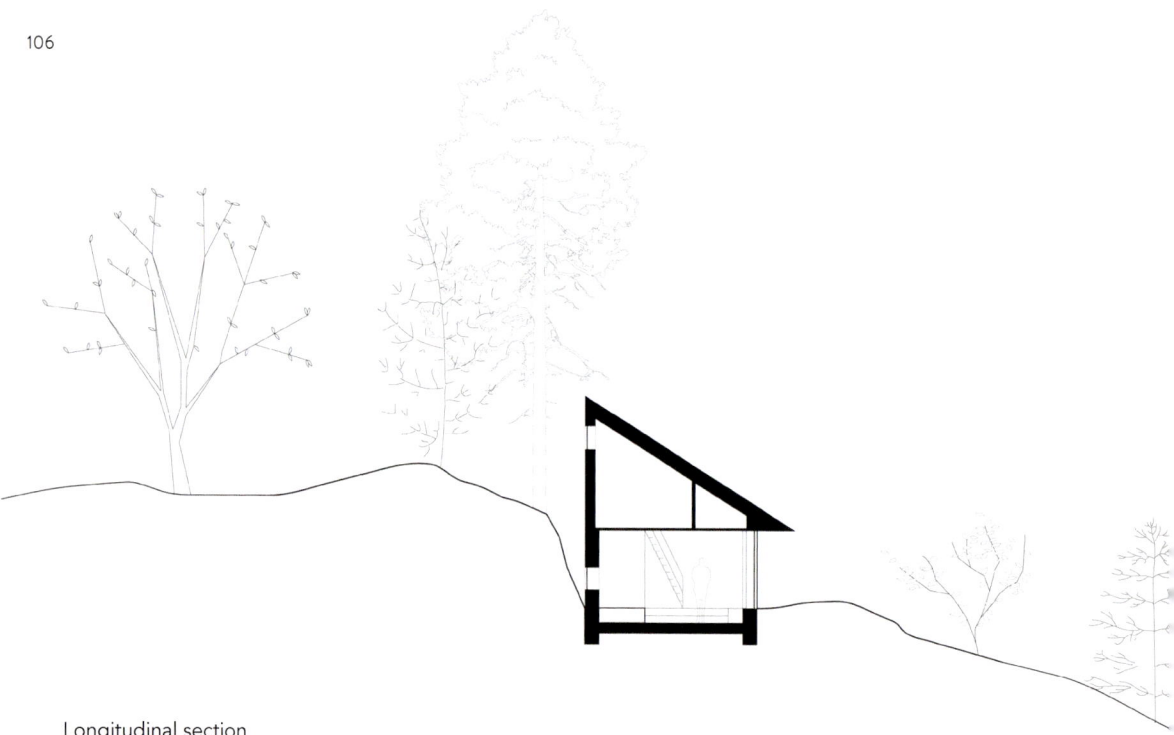

Longitudinal section

Ground floor plan

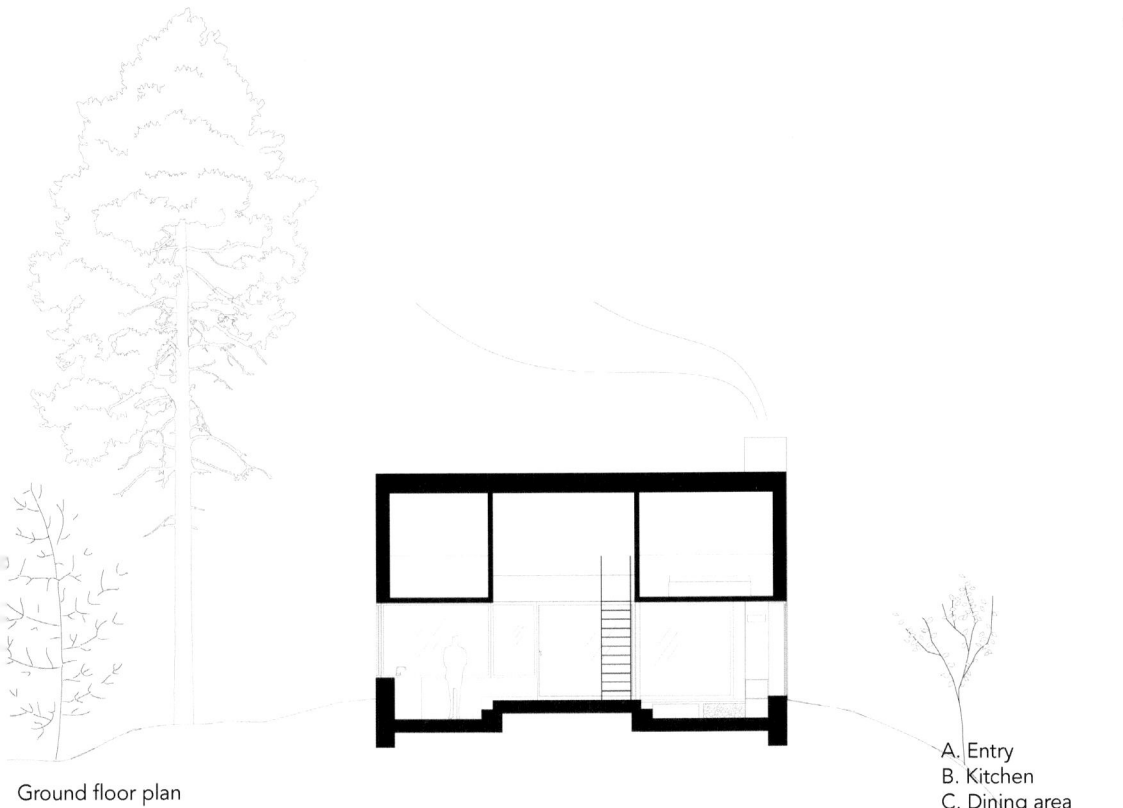

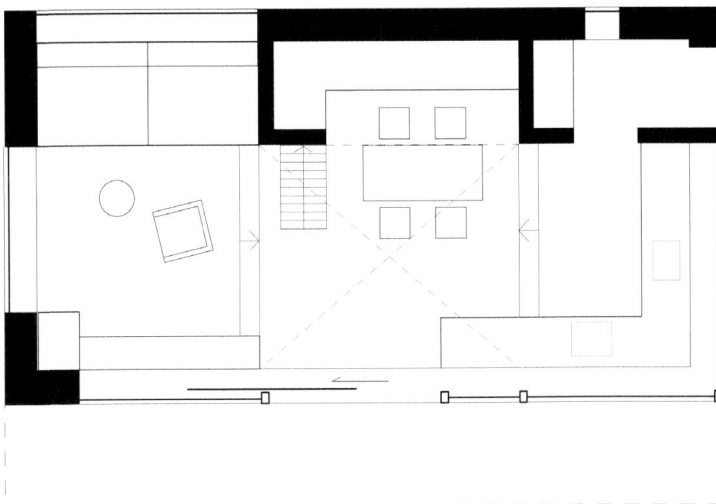

A. Entry
B. Kitchen
C. Dining area
D. Built-in cabinets
E. Sofa bed
F. Living room
G. Fireplace
H. Bedroom
I. Bathroom
J. Small loft
K. Open to below

Ground floor plan

A combination of concrete and Norwegian pine surfaces gives form to simple interiors, drawing attention on spatial quality, shelter, and the great outdoors.

The simple materials palette creates a strong connection with the land and roots the building to its place.

The design of the cabinetry, made of birch plywood, is in keeping with the simple aesthetic of the cabin, which is equipped with no more than the most essential commodities.

Una combinación de superficies de hormigón y pino noruego da forma a interiores sencillos, que destacan la calidad del espacio, el refugio y el aire libre.

La paleta de materiales sencillos crea una fuerte conexión con la tierra y arraiga el edificio a su lugar.

El diseño de los muebles, hechos de madera contrachapada de abedul, está en consonancia con la estética sencilla de la cabaña, que está equipada únicamente con los elementos básicos.

CEDAR HOUSE

By Hudson Architects

Location North Elmham, Norfolk, UK // Architecture: Hudson Architects // Photography: Steve Townsend

Cedar House pilots a new prototype for cost-effective new-build modern housing. It deploys innovative off-site construction, which simplifies the building process without compromising the architecture of the house. Designed for a photographer and his family, the brief wax for a simple house comprising two bedrooms and a third room, which could function as both a guest room and an office. The location of the building dictated the external envelope of the house. Situated in the countryside of north Elmham, on the river Wensum, it was important that the building was sensitive to its surroundings and sat comfortably with the local agricultural landscape.

Hudson Architects designed a modest rural building simple in form and evocative of a functional farm building. This design led to research into possible elemental construction methods.

Externally the building has been entirely cloaked in 15,000 untreated cedar shingles, a material which belies the prefabricated system beneath. Fixed to battens over a breathable waste-woodchip building board cedar was chosen as a more cost effective alternative to weatherboarding. Coupled with the clean lines of the aluminium window surrounds and integrated into a design, which cleverly conceals obtrusive rainwater systems, the cedar reads as a dramatic sleek protective cloak, which sits harmoniously with its countryside surroundings.

Cedar House dirige un nuevo proyecto de casas modernas rentables y de edificación nueva. Utilizan una construcción fuera de obra innovadora que simplifica el proceso de construcción sin poner en peligro la arquitectura de la casa. Diseñada para un fotógrafo y su familia, el encargo consistía en crear una casa sencilla que tuviera dos dormitorios y una tercera habitación que pudiera funcionar tanto de habitación de invitados como de estudio. La ubicación del edificio dictaminó la envoltura externa de la casa. Situada en la campiña del norte de Elmham, junto al río Wensum, era importante que la construcción conectara con lo que le rodeaba y que fuera agradablemente compatible con el paisaje agrícola local.

Hudson Architects diseñaron un modesto edificio rural con una forma sencilla que evoca a una granja funcional. Este diseño llevó a investigar posibles métodos de construcción elementales.

Exteriormente, el edificio ha sido totalmente cubierto con 15.000 tejas de cedro sin procesar, un material que oculta el sistema de prefabricado. Fijado a los listones sobre un tablero de construcción hecho de restos de virutas de madera transpirable, el cedro fue escogido por ser una alternativa más rentable que el revestimiento solapado. Unido a las líneas limpias de los bordes de las ventanas de aluminio e integrado en el diseño, que hábilmente disimula los sistemas de penetración de agua, el cedro funciona como una capa protectora impecable y efectiva que encaja armoniosamente con los alrededores campestres.

0   5m

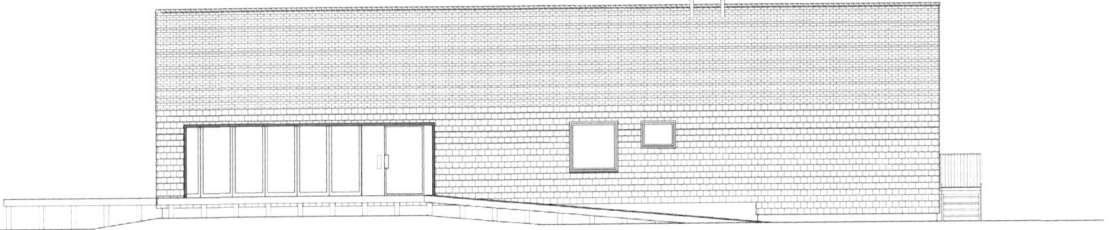

West elevation

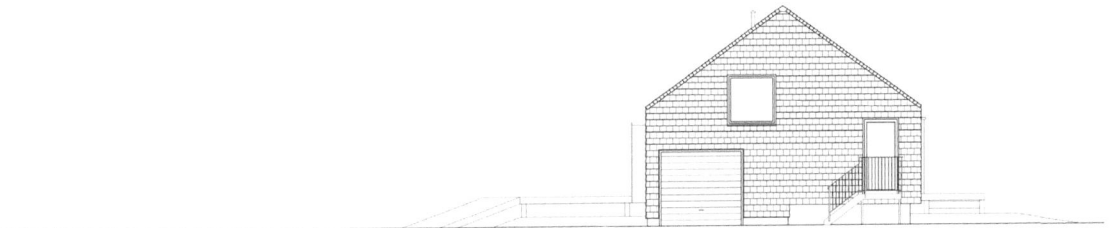

South elevation

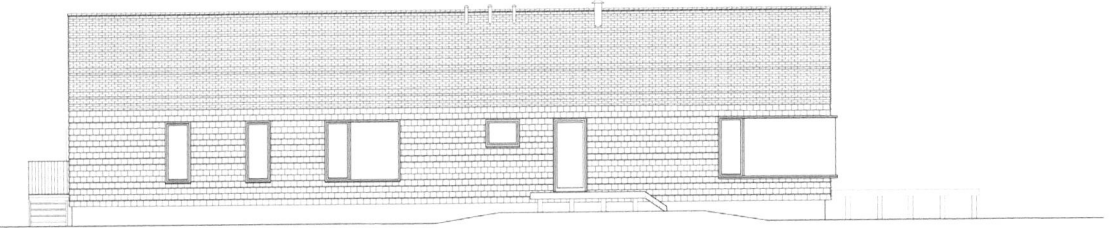

East elevation

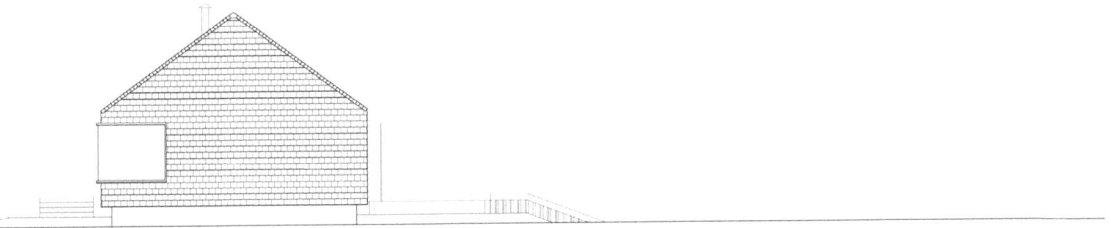

North elevation

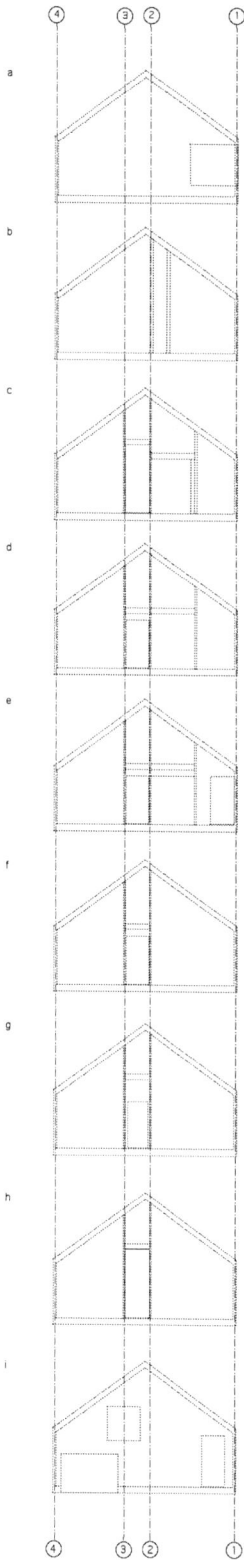

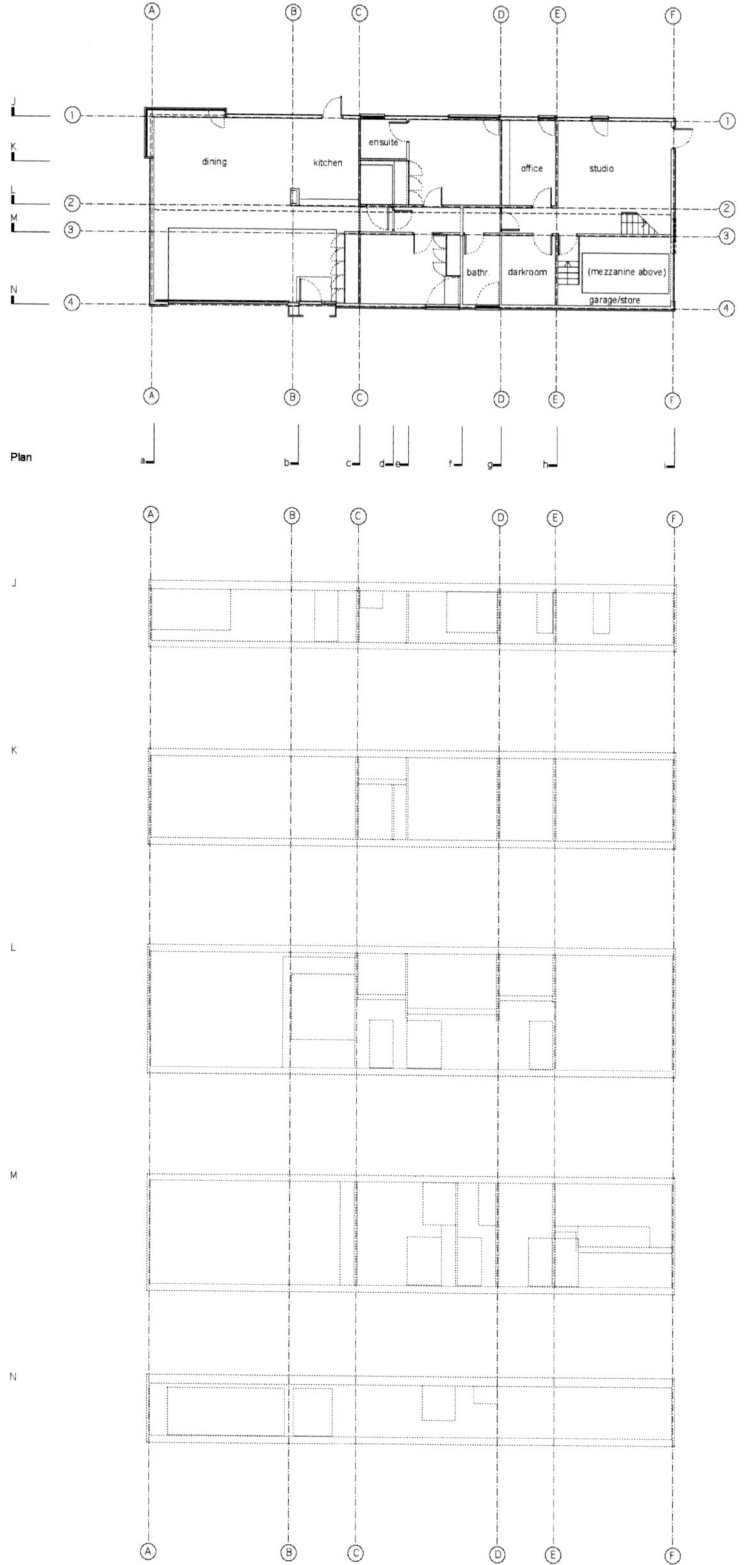

114

Plan

Panels

VERMONT CABIN

By 4 Architecture

Location Jamaica, Vermont, USA // Architecture: 4 Architecture. Joseph Tanney & Robert Luntz //
Photography: RES4

The home is a 'Head & Tail' design, where the communal space is the 'head', and the private bar of bedrooms and baths forms the longer 'tail'. Together they form an 'L', creating an outdoor terrace to capture the western sun and to enjoy the exterior fireplace which is clad in cement board, and radiates heat during the cool summer evenings. Just inside, is the expansive kitchen, living, and dining areas, perfect for preparing delectable meals for their guests.

This communal space is wrapped with a Baltic Birch bookshelf as window bench so one can soak up the south sun and view the fern meadow & surrounding wilderness. With bamboo floors over radiant heating, and a wood-burning fireplace, the living area is as calm as can be.

The home is powered by a 3,000 KwH solar array with a back-up generator and below grade propane tank just in case the sun is non-existent for an extended period of time. A 'Flash-and-Batt' insulation system, combining both a closed cell spray foam insulation and batt insulation, along with radiant floor heat ensures the home stays airtight and warm in the winter.

La vivienda es un diseño de «cara o cruz», donde la zona común es la «cara» y la sección privada que contiene los dormitorios y los baños es la «cruz». Unidas forman una «L», creando una terraza descubierta para captar el sol del oeste y disfrutar de la chimenea exterior revestida con placas de cemento que irradia calor en las frías noches de verano. En el interior se encuentran las extensas zonas de la cocina, la sala de estar y el comedor, perfectas para preparar deliciosas comidas a los invitados.

Este espacio común está envuelto por un estante de abedul báltico que hace de banco, situado junto a la ventana para que uno pueda absorber el sol del sur y observar el prado de helechos y los montes de alrededor. Con suelos de bambú que cubren la calefacción por radiación y una chimenea de leña, la sala de estar no puede ser más relajante.

La casa se alimenta con paneles solares de 3000 kWh con un generador suplementario y un tanque de propano de bajo grado por si no hubiera sol durante un largo periodo de tiempo. El sistema de aislamiento «flash-and-batt», una combinación de aislamiento con espuma pulverizada de células cerradas y aislamiento en bloque de fibra, y la calefacción por radiación garantizan que la casa permanezca hermética y caliente en invierno.

The exterior is clad in a maintenance-free corrugated Cor-ten metal panel system to withstand the harsh Vermont winters. Accents of cedar siding tie the strategically placed windows together.

El exterior está revestido con un sistema de paneles de acero corten corrugado que no necesita mantenimiento, para resistir los duros inviernos de Vermont. El decorativo revestimiento de cedro mantiene unidas las ventanas dispuestas de manera estratégica.

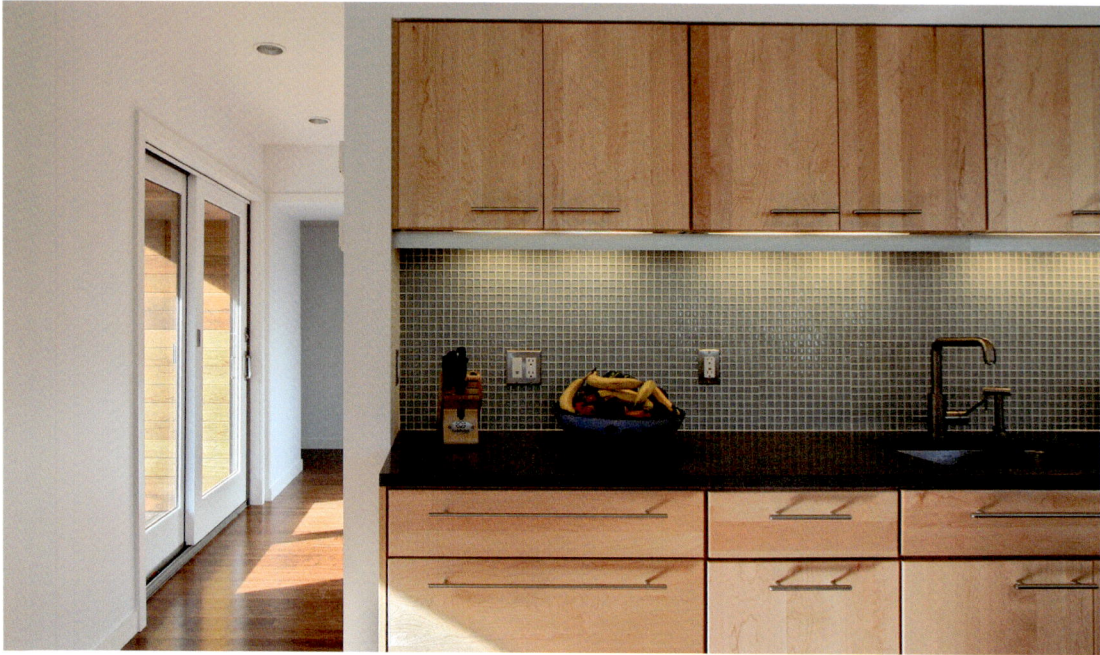

1. Entry
2. Laundry
3. Kitchen
4. Dining
5. Living
6. Media room
7. Bath
8. Bedroom
9. Master bath
10. Master bedroom

SIMPLE HOME

By Gerhard Feldbacher

Location Austria // Architecture: Gerhard Feldbacher // Photography: Gerhard Feldbacher

The Simple Home is a tiny house designed by Austrian architect Gerhard Feldbacher. What makes it unique is the fact that it stands on four legs about one meter above the ground. This is the main characteristic of the swap body transportation system. What makes the swap body interesting for a mobile house is the fact that the built-up could be constructed in a totally free way. Hence, the Simple Home is built by the implementation of modern woodwork technologies based on cross-laminated wood. A single wall or roof is coming as one piece of timber (5 layers, 10 cm). The main body consists of only 8 pieces and the construction took just about 4 hours to be completed. Therefore the wooden house is very sustainable with good insulation values. To expand the space there is one or two expandable sleeping berths and a terrace which can be flipped open. The Simple Home is designed as a getaway in nature, but it has also been used for several festivals in urban spaces like the Ars Electronica in Linz.

The interior is maintained in a very simple manner. Wherever possible, functions are being combined to obtain an open and functional space. To expand the interior even further, huge openings turns the surroundings into part of the interior. To obtain some privacy as well as to protect from sunlight, the outside curtains can be closed. These curtains are also derived by the swap body system and can be printed for particular purposes.

La Simple Home es una diminuta casa diseñada por el arquitecto austríaco Gerhard Feldbacher. Lo que la hace única es el hecho de que se sostiene sobre cuatro patas un metro sobre el suelo. Esta es la característica principal del sistema de transporte de cajas móviles intercambiables. Lo que hace el contenedor intercambiable interesante para una casa móvil es el hecho de que el montaje podría ser realizado de una forma totalmente libre. Por ello, la casa Simple Home está construida por la aplicación de modernas tecnologías de carpintería, basadas en madera de láminas cruzadas. Un solo techo o muro viene como una sola pieza de madera (5 capas, 10 cm). El cuerpo principal consiste solamente en 8 piezas y la construcción solo lleva 4 horas para completarse. Por lo tanto, la casa de madera es muy sostenible y tiene buenos valores de aislamiento. Para expandir el espacio hay una o dos literas extensibles y una terraza que se puede desplegar para abrirla. La Simple Home está diseñada como una puerta a la naturaleza, pero también ha sido usada para varios festivales en espacios urbanos como el Ars Electronica en Linz

El mantenimiento interior es sencillo. Siempre que sea posible, las funciones se combinan para obtener un espacio abierto y funcional. Para ampliar el interior hacia fuera, enormes aperturas hacen que el entorno se convierta en una parte del interior. Para conseguir cierta privacidad, así como para protegerse de la luz solar, las cortinas exteriores pueden cerrarse. Estas cortinas también provienen del sistema de caja móvil, y pueden ser impresas para personalizarlas.

Section A-A

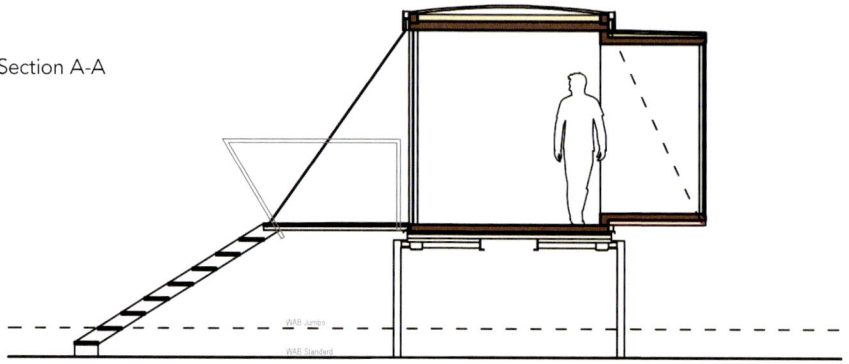

Transported as a swap-body (loading directly by the truck).
Transportado como una caja móvil (cargado directamente por el camión).

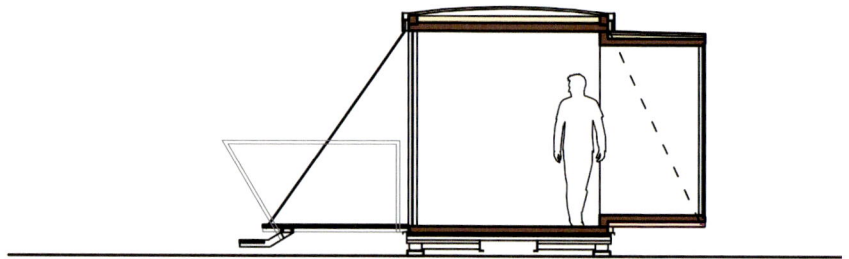

Set on ground (crane needed).
Emplazado en la planta (grúa necesaria).

1 Delivery

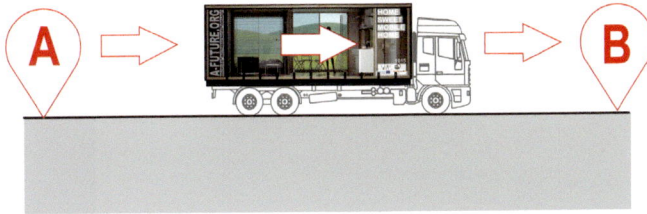

A → → **B**

2 Taking out of "Legs"

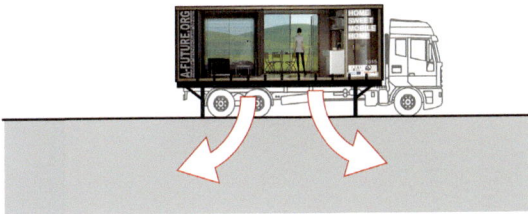

3 Truck lowers and drives away

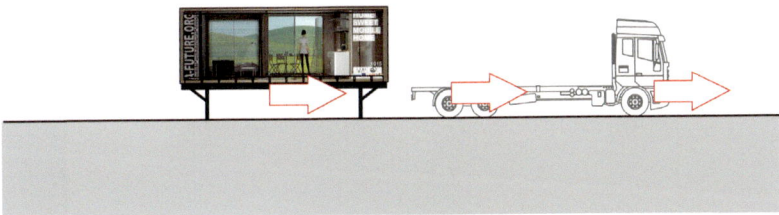

The swap body works like a backpack which is just picked up or dropped off by the truck. Therefore it can be easily moved from A to B.

1. Delivery by truck.
2. Flipping down the legs.
3. Truck lowers and drives away.

La caja móvil funciona como una mochila que es agarrada o soltada por el camión. Por lo tanto puede ser movida fácilmente de A a B.

1. Entrega por parte del camión.
2. Voltear las patas.
3. El camión la desciende y se marcha.

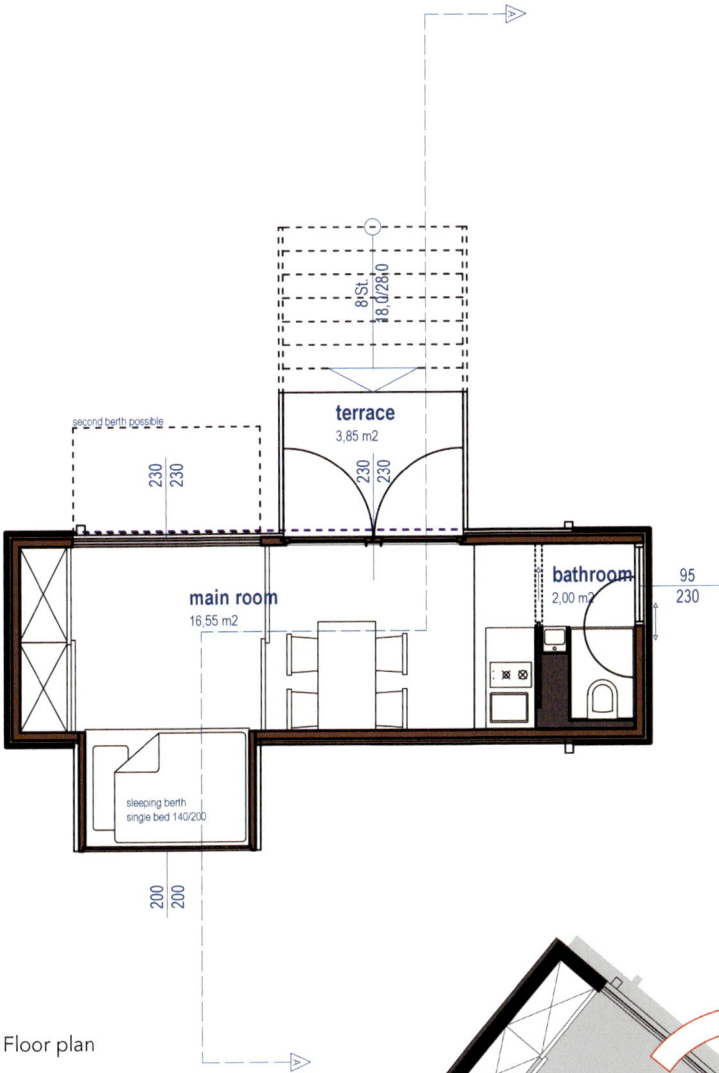

terrace
3,85 m2

second berth possible

230
230

230
230

8 St.
18,0/28,0

main room
16,55 m2

bathroom
2,00 m²

95
230

sleeping berth
single bed 140/200

200
200

Floor plan

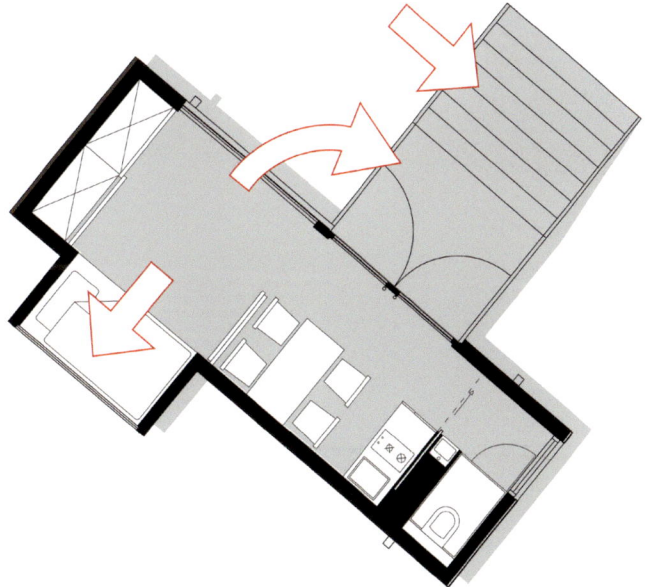

Attaching the stairs, if not put on it the ground.
Fijación de la escaleras, si no se sitúa en el suelo.

0   1   2   3   4   5 m

CASA SOBRE LAS ROCAS

By Schwember García-Huidobro Arquitectos

Lipulli, Lago Colico, IX región, Chile // Architecture: Schwember García-Huidobro Arquitectos // Photography: www.entrelaspiedras.cl

The house is located in the south of Chile, surrounded by a dense forest and large rocks from the last glaciation; in a crucial point, in a clearing of the forest to have good natural light and near to a rocky outcrop to separate from the water courses and humidity, and to gain the best views to the surroundings.

The house has been designed under the concept of refuge, like a house where the private places are of fair measures. On the other hand, the collective zones enjoy a biiger space that allows family life. The house is structured in the three axes of the Y: The north axis, corresponds to the sector of the owners, looking at a forest of oaks and ulmos.

The western axis corresponds to the sector of children and guests bedrooms. The eastern axis, which corresponds to the dining room, looks at the clearing of the forest and the mountains. Finally, in the centre, where all the axes meet, there is a kitchen. Access is by a rusted steel footbridge.

La casa está ubicada en el sur de Chile, rodeada por un denso bosque y grandes rocas de la última glaciación. La casa se emplazó en un punto crucial: un claro del bosque para tener buen soleamiento, sobre un roquerío para separarse de los cursos de agua y humedad, y a su vez ganar las mejores vistas a los alrededores.

La casa se ha diseñado bajo el concepto de refugio, es decir, una casa donde los lugares privados son de medidas justas. En cambio, las zonas colectivas gozan de una amplitud que permiten la vida en familia. La casa se estructura en los tres ejes de la Y: El eje norte, corresponde al sector de los dueños de casa, el cuál mira a un bosque de robles y ulmos.

El eje poniente, corresponde al sector de dormitorios de hijos e invitados. El eje oriente, que corresponde al estar comedor, mira al claro del bosque y las montañas. Y finalmente, en el centro, en el encuentro de todos los ejes, se ubica una cocina.Exteriormente, se accede por una pasarela de acero oxidado.

Site plan

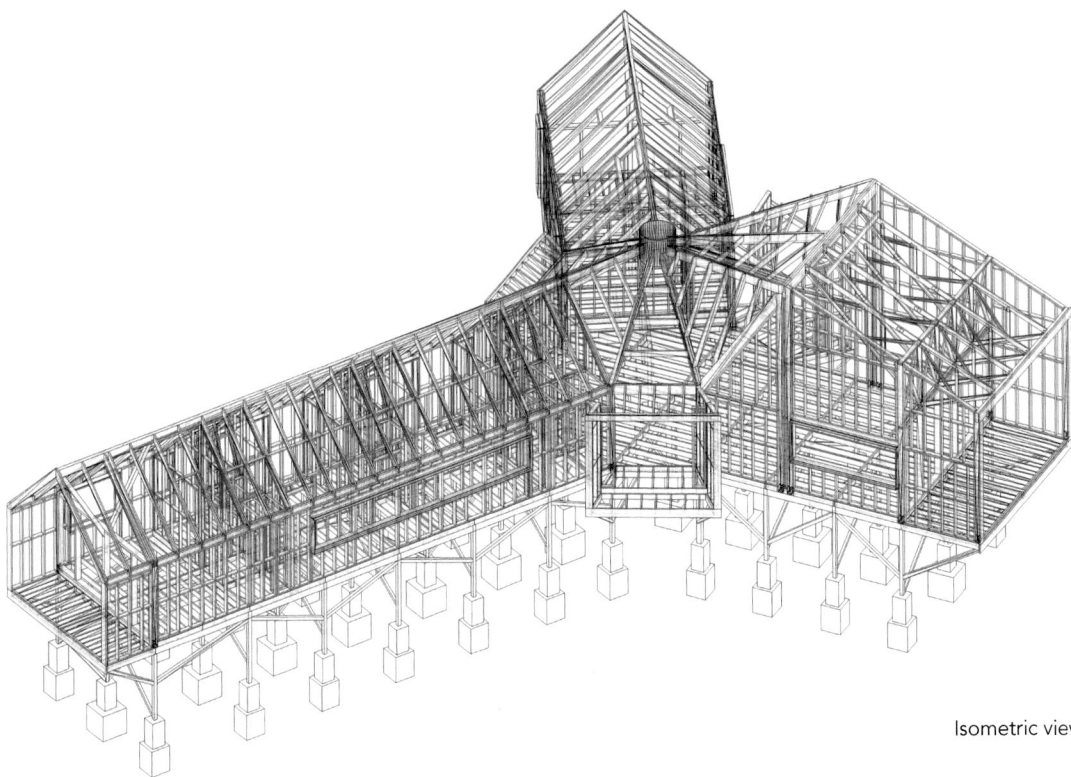

Isometric view

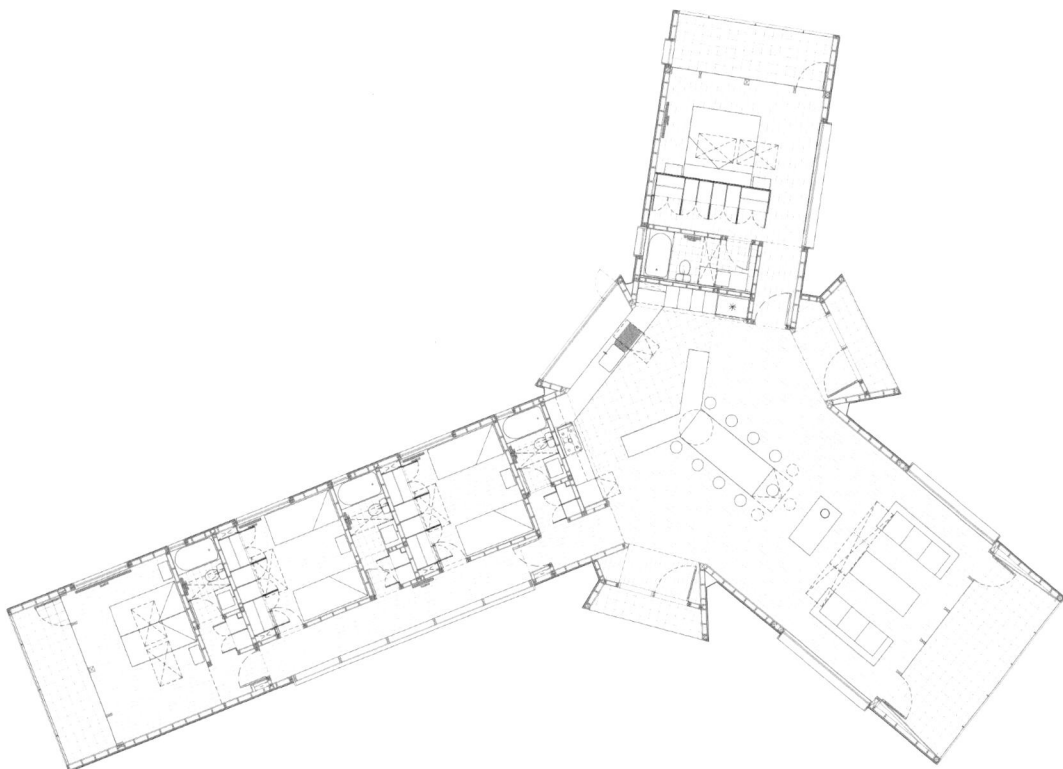

Floor plan